하브루타
4단계 공부법

하브루타
4단계 공부법

초판 1쇄 인쇄 2020년 7월 8일
초판 1쇄 발행 2020년 7월 15일

지은이 이성일

발행인 장상진
발행처 (주)경향비피
등록번호 제2012-000228호
등록일자 2012년 7월 2일

주소 서울시 영등포구 양평동 2가 37-1번지 동아프라임밸리 507-508호
전화 1644-5613 | **팩스** 02) 304-5613

ⓒ 이성일

ISBN 978-89-6952-406-5 03370

□ 성적 쑥! 실력 쑥! 하브루타와 인지심리학의 융합 학습법 □

하브루타
4단계 공부법

○ 이성일 지음 ○

경향BP

　현재 우리 공부는 학교 성적은 올릴 수 있지만, 미래 사회에 대비하기는 어렵다. 반대로 미래에 필요한 역량을 키운다는 이유로 학교 성적을 소홀히 할 수 없다. 시중에 나와 있는 공부 관련 책들은 눈앞의 입시를 위해 성적 향상만을 위한 공부법이거나, 아니면 당장의 현실을 무시하고 미래에 필요한 역량만을 강조하고 있는 경우가 대부분이다. 이 책은 입시를 위한 학교 성적과 4차 산업혁명 시대에 필요한 실력을 함께 갖추고 싶은 학생, 그리고 그들을 효과적으로 돕기를 바라는 학부모를 위해 썼다.

　현실에 바탕을 두지 않은 미래는 없다. 현재의 학교 성적을 올리면서도 미래 사회에 필요한 역량을 함께 갖추는 공부법이 필요하다. 따라서 이 책을 통해 놀라운 성과를 보이며 미래 사회를 선도하는 유대인 공부법과 성적 향상을 위한 효율적인 공부법을 연구한 인지심리학의 연구 결과를 접목해 '하브루타 4단계 공부법'을 제시하고자 한다.

　우리나라와 유대인은 높은 교육열을 가지고 있다는 공통점이 있다.

하지만 학문과 과학적 성과는 큰 차이가 난다. 유대인은 200명의 노벨상 수상자와 에디슨, 프로이트, 아인슈타인을 배출했다. 또한 구글과 페이스북을 창업해서 4차 산업혁명 시대를 선도하고 있다. 이에 비해 우리는 세계적 학문 성과가 저조하며, 과학 성과로 노벨상을 받은 사람이 한 명도 없다. 많은 노력과 투자로 PISA 등 국제적 학업 성취도는 높지만, 공부에 대한 흥미도는 OECD 국가 중에서 가장 낮은 편이다.

'비슷한 교육열에도 왜 이러한 차이가 생겼을까?'라는 질문이 이 책을 쓰게 했다. 공부법에서 그 해답을 찾았다. 우리는 '혼자서 조용히 듣고 외우고 시험 치고 잊어버리는 공부'를 해 왔다. 등급제 입시 제도에서 공부는 늘 상대와의 경쟁이었다. 공부한 내용은 시험 치면 더 이상 필요 없어서 잊게 되고, 높은 성적은 개인의 성공만을 담보했다.

그에 비해 유대인은 '함께 시끄럽게 말하고 생각하고 질문하는 공부'를 해 왔다. 그들의 공부 결과는 실력이 되어 세상을 변화시키는 힘이 되고 있다. 오랜 수난의 역사 속에서도 굳건히 유지한 그들의 공부법은 짝과 질문하고 토론하는 하브루타이다.

이제 우리 청소년들은 성적과 실력을 동시에 갖추어야 할 것을 요구받고 있다. 우리 교육의 현실에서 성적을 위한 공부는 결코 가벼이 여길 수 없다. 대부분 학생의 공부 목적은 안정적인 직업 선택이다.

그러나 경영학계의 세계적 권위자인 린다 그래튼 교수는 『일의 미래』에서 "미래에는 평생 동안 평균적으로 3.5회 정도 직업을 바꾸게 될 것이다."라고 말한다. 심지어 변호사와 의사마저도 인공지능으로 대체되는 사회에서 성적만을 위한 공부로는 해결책이 될 수 없다. 따라서 4차 산업혁명 시대에 요구되는 창의·비판적 사고를 할 수 있는 실력을 함께 갖추어야 한다.

유대인 공부법이 아무리 좋다고 한들 우리 현실에 100% 맞을 수 없다. 공부는 사회 문화의 산물이기 때문이다. 그래서 필자는 인지심리학의 공부법에 주목했다. 인지심리학의 연구 결과에 따르면 성공적인 학습을 위해서는 단순 반복보다 공부한 내용을 기억에서 인출하는 활동이 효과적이다. 대표적인 인출 방법이 '설명하기'와 '기억해서 쓰기'이다. 이를 어려서부터 탈무드를 낭독하고, 커서는 질문하고 토론하는 하브루타와 접목했다. 그것이 바로 '하브루타 4단계 공부법'이다.

1단계 낭독하기 – 2단계 설명하기 – 3단계 기억해서 쓰기 – 4단계 질문하기의 순으로 공부하는 것이다. 이는 효과적인 기억 전략으로 학교 성적을 올리고, 창의·비판적 사고를 통해 미래 사회에 필요한 실력을 함께 키우는 공부법이다.

우리 현실과 4차 산업혁명 시대의 요구를 함께 반영하는 공부는 '정보 입력 – 단기 기억 – 장기 기억 – 창의·비판적 사고'의 순으로 이루어진다. 정보 입력은 공부의 시작이며 기억을 위한 첫 단계이다. 이때 낭독을 통한 공부가 뇌를 깨우고, 효과적인 기억을 할 수 있게 도와준다. 단기 기억으로 입력된 정보는 설명하기와 기억해서 쓰기를 통해 장기 기억으로 저장된다. 양적으로 축적된 기억은 질문을 통해 지식의 질적 융합을 가져와 창의·비판적 사고를 창출한다.

필자는 윤리교사로 23년간 강의 수업만 하다가, 최근 5년 동안 하브루타로 수업하면서 제2의 삶을 살고 있다. 필자의 수업 사례를 담은 책인 『얘들아, 하브루타로 수업하자!』와 『하브루타로 교과수업을 디자인하다』를 통해 하브루타 수업의 효과를 입증하고, 많은 교사의 수업을 바꾸는 데 도움을 주고 있다.

하브루타로 공부에 흥미를 잃었던 학생이 공부 재미를 알게 되고, 수업에 적극적으로 참여하는 경우를 경험했다. 또한 하브루타를 친구들과의 스터디 활동에 적용하고, 질문하기와 설명하는 공부법을 통해 성적이 오르는 사례를 보아 왔다.

이 책을 쓰기 위해 유대인과 공신들의 공부법에 대한 수많은 책을 읽고, 교육 관련 다큐멘터리도 수없이 분석했다. 아울러 뇌 과학과 인지심리학에 대한 책도 다수 섭렵했다. 여기에 30년 가까운 학생 공부 지도와 10년간의 영재 학급 강사 경험, 그리고 5년간의 하브루타 수업 사례를 함께 담았다.

이 책에 소개한 내용은 유대인만의 독점적인 공부법이 아니다. 우리나라 우등생들의 공부법과도 대부분 일치한다. 우리 현실에서 학교 성적과 4차 산업혁명이 요구하는 실력을 함께 올리고자 하는 학생과 그들을 지원하는 학부모에게 좋은 도움이 되리라 믿는다. 그리고 학생을 지도하는 교사들에게도 수업과 공부 방법 지도의 길잡이가 되기를 바란다.

부족한 사람에게 귀한 달란트를 주신 하나님께 감사드린다. 항상 치열한 질문과 토론으로 하브루타에 대한 도전과 새로운 영감을 주는 한국하브루타연합회 회원들께 감사드린다. 수업 때마다 총총한 눈빛과 낭랑한 목소리로 교사라서 행복하게 해 준 울산 신선여고 학생들에게 감사하다. 평생 책 한 권 읽지 않으신 분이 자식이 지은 책이라고 몇 달에 걸쳐 읽으시고, 이 책의 출간을 설레는 마음으로 기다리신 아버지 이종욱 님과 항상 기도로 힘을 주시는 장모 박견자 님께 이 책을 바친다.

이성일

프롤로그 _ **4**

1장. 한국인과 유대인의 공부법 비교

1. 듣는 공부 vs 말하는 공부 _ **20**
뇌가 활동하지 않는 듣는 공부 _ **20**
생각을 일깨우는 말하는 공부 _ **23**

2. 외우는 공부 vs 생각하는 공부 _ **28**
외우고 시험 치고 잊는 공부 _ **28**
너의 생각은 무엇이니? _ **32**

3. 혼자 하는 공부 vs 짝지어 공부 _ **35**
경쟁하며 혼자 하는 공부 _ **35**
짝지어 협력하는 공부 _ **37**

4. 질문 없는 공부 vs 질문하는 공부 _ **44**
눈치 보이는 질문 _ **44**
질문은 배우는 사람의 권리 _ **48**

5. 사교육 의존 vs 가정 중심 _ **53**
외주 하청 자녀교육 _ **53**
가정 중심 자녀교육 _ **58**

2장. 하브루타 공부법의 효과

1. 자기 주도 학습 능력을 높인다 _ **69**
내적 동기의 중요성 _ **69**
유대인의 자기 주도 공부 _ **71**
자기 주도와 부모 주도 _ **72**

2. 뇌를 활성화시켜 사고력을 높인다 _ **76**
뇌 가소성을 좌우하는 시냅스와 미엘린 _ **76**
좋은 뇌로 만드는 하브루타 _ **79**

3. 집중력을 높인다 _ **81**
하브루타와 집중력 _ **81**
몰입 _ **83**
집중을 돕는 백색소음 _ **83**
공부친구와 집중력 _ **86**

4. 오래 기억하게 한다 _ **87**
기억 메커니즘 _ **87**
기억의 작업장 해마 _ **89**
반복 횟수가 아니라 반복 주기가 중요 _ **90**

5. 미래 인재 핵심 역량을 키운다 _ **93**
4차 산업혁명을 이끄는 유대인 _ **93**
미래 인재에게 필요한 역량 _ **96**
미래 사회 핵심 역량 4C _ **99**

3장. 효율적인 공부법

1. 쉬운 공부법 – 반복 읽기 _ 111

반복 읽기의 문제점 _ 111

반복 읽기를 선호하는 이유 _ 113

2. 힘든 공부법 - 인출 연습 _ 115

바람직한 어려움 _ 115

설명하기 _ 117

기억해서 쓰기 _ 119

테스트하기 _ 121

질문하기 _ 122

3. 메타인지 높이기 _ 125

기억력보다 중요한 메타인지 _ 125

자기 주도력을 높이는 메타인지 _ 128

메타인지를 높이는 법 _ 130

하브루타와 메타인지 _ 132

4장. 하브루타 4단계 공부법

1. 1단계 낭독하기 _ **143**

유대인의 낭독 _ **143**

낭독의 공부 효과 _ **145**

암기와 이해를 위한 낭독법 _ **150**

글자를 처음 배우는 아이를 위한 낭독법 _ **152**

시(詩) 낭독법 _ **155**

영어 낭독법 _ **157**

시험 문제 낭독법 _ **163**

독서 모임을 통한 낭독 _ **166**

교정에 도움을 주는 낭독 _ **171**

낭독의 실천 _ **172**

2. 2단계 설명하기 _ **174**

메타인지와 설명하기 _ **174**

어린아이의 설명하기 _ **178**

수업에서 친구 가르치기 _ **179**

설명하기 공부법의 절차 _ **183**

학습 효과를 높이는 설명법 _ **185**

누구에게 설명하나? _ **186**

3. 3단계 기억해서 쓰기 _ **188**

백지 복습법 _ **188**

기억해서 쓰기 방법 _ **190**

요약과 수업 일기 _ **193**

기억해서 쓰기 효과 _ **194**

코넬 노트 활용법 _ **196**

4. 4단계 질문하기 _199

왜 질문인가? _199
질문으로 대화하기 _203
쉽게 질문 만드는 방법 _205
라파엘의 질문 모형 _208
창의성을 키우는 스캠퍼 질문법 _212
과목별 질문 공부 _216
좋은 질문의 조건 _218
자기소개서와 질문 _219

5장. 하브루타 공부 모형

질문 중심 하브루타 _229

친구 가르치기 _233

논쟁 중심 하브루타 _237

탐구 활동 하브루타 _240

비교 하브루타 _243

문제 만들기 하브루타 _246

문제 풀이 하브루타 _250

에필로그 _253
참고 문헌 _255
참고 방송 _258
참고 신문 _259

1장

한국인과 유대인의
공부법 비교

우리 교육열은 세계적이다. 학교 수업을 마치면 몇 군데 학원에 다니며, 집에 와서는 학습지로 공부한다. 헌법에서 규정한 의무는 아니지만, 자녀를 학원에 보내는 것은 부모의 의무처럼 되었다. 사교육비가 가정 지출에서 가장 높은 비율을 차지하는 경우가 많다. 중·고등학교부터는 입시 관문을 통과하기 위해 공부 이외의 모든 일은 대학 입학 이후로 미루어진다. 자녀 유학을 위해 아내도 함께 외국에 보내는 기러기 아빠도 흔한 이야기다. 가정의 행복이 자녀의 성적에 달려 있다고 해도 과언이 아니다.

2019년 통계청 발표 자료에 의하면 13~18세 청소년 대상으로 '고민하는 문제'에 대한 설문 결과 1위 공부(47.3%), 2위 외모(13.1%), 3위 직업(12.3%), 4위 용돈 부족(5.8%), 5위 친구(4.5%)였다. 또한 2015년 한국보건사회연구원의 보고서에 따르면 우리 아이들은 경제협력개발기구(OECD) 가운데 학업 스트레스를 가장 많이 받고, 행복지수는 가장 낮은 것으로 드러났다.

우리 교육열과 관련한 재미있는 조사가 있다. MBC 「세바퀴」에서 '내

인생에서 후회되는 일'을 방송한 적이 있다. 20대에서 70대 남녀를 대상으로 설문 조사한 결과, 거의 모든 연령대에서 '공부 좀 할걸.'이라는 후회가 1위였다. 그 밖에도 '배우고 싶었는데', '애들 교육 신경 더 쓸걸.' 등 공부에 대한 후회가 많았다. 이처럼 우리 국민들은 가장 교육열이 높고 많은 시간 공부하면서도 평생 공부에 대해 후회를 하면서 살고 있다. 도대체 왜 그럴까?

우선, 공부 목적이 성공 지향적이라는 점이다. 공부하는 이유가 남보다 더 좋은 직장에 다니고, 더 잘 살기 위해서라고 생각한다. 대부분의 사람은 공부를 더 열심히 했으면 지금보다 나은 삶을 살 수 있었을 것이라는 믿음을 가지고 있다. 청소년이 되어서는 입시를 위해, 나중에는 취업을 위해 피 말리는 시간을 보낸다. 공부는 늘 경쟁이며, 다른 사람들은 경쟁 상대이다. 따라서 공부는 항상 힘든 일이었고, 입시나 취업을 위한 수단이었다.

공부에 대한 뜨거운 사회 분위기와 달리 개인의 자발성 부족도 중요한 요인이다. 어려서는 '왜 공부를 해야 하는가?'에 대한 이유를 모른 채 학교 수업을 마치고 부모가 정해 준 여러 학원을 전전한다. 커서는 나중의 행복을 위해 현재 공부라는 고통을 견뎌야 한다고 생각한다. 여기에 내적 동기는 존재하지 않는다.

이처럼 우리 청소년은 공부를 가장 중요시하는 사회에서, 세계에서 가장 많은 시간을 공부한다. 그런데도 공부 때문에 가장 많은 후회를 하며, 학생들의 가장 큰 스트레스이다. 공부에 가장 많은 시간과 돈을 투자하면서도 만족도는 낮다. 세계 경제 10위권에도 불구하고 공부로 노벨상을 받은 사람이 한 명도 없다.

유대인은 다르다. 유대인 인구는 대략 1,500만 명으로 전 세계 78억 인구의 0.2%에 불과하다. 하지만 인류에 가장 큰 공헌을 한 사람들에게 주는 노벨상 수상자가 200명으로 전체의 23%를 차지한다. 세계 억만장자의 30%가 유대인이며, 미국 최고 명문 대학 아이비리그 교수의 30%, 학생의 20% 이상을 차지하고 있다.

교과서에도 많은 유대인이 나온다. 『국부론』으로 초기 자본주의 이론을 정립한 애덤 스미스, 그 자본주의 문제점을 비판하면서 공산주의 이론을 만든 마르크스, 소련에서 프롤레타리아 혁명을 성공시킨 레닌, 유명한 과학자(뉴턴, 아인슈타인), 창조적 예술가(피카소, 샤갈), 심리학자 프로이트, 철학자 스피노자 등 스포츠 분야를 제외하고 유대인이 인류 발전에 끼친 영향은 크다.

이러한 유대인의 힘은 어디에서 나오는 것일까? 많은 전문가는 그들의 독창적인 공부 방법에서 찾는다. 수천 년을 이어 온 유대인의 공부법, 그것은 '하브루타'이다. 하브루타는 짝을 이루어 토론하고 논쟁하는 공부법이다. 이는 신의 율법인 토라(모세 오경)를 공부하고, 이에 대한 해석인 탈무드 토론에서 비롯하였다. 그들은 질문하고 토론하는 과정에서 창의력과 비판적 사고를 키워, 오늘날 유대인이 인류 문명 발전을 선도하는 힘이 되고 있다.

우리나라와 이스라엘은 공통점이 많다. 오랜 기간 외세로부터 고통을 받았고, 1948년 건국했다. 사람이 가장 중요한 자원이므로 교육열이 높고, 자녀 교육에 헌신한다. 그런데 인구는 우리가 5,200만 명(유대인 1,500만 명)으로 훨씬 많고, 이스라엘 국토는 우리의 1/4에 불과하다. 똑같이 열심히 공부하는 민족이지만 결과는 다르다. 그 원인은 공부 방법의 차이에 있다.

우리 공부의 결과는 성적이고, 유대인 공부의 결과는 실력이다. 성적은 시험 문제나 난이도, 컨디션에 따라 달라지지만 실력은 변하지 않는다. 영어 성적이 1등급이라도 실력이 없으면 듣지도, 말하지도 못한다. 도덕 성적이 좋아도 실천하지 않으면 법을 어기게 된다. 우리 공부의 결과는 개인의 성공이지만, 유대인 공부의 결과는 세상을 변화시켰다. 이는 유대인 공부의 목적인 '하나님이 창조하신 세상을 좀 더나은 곳으로 만든다.'라는 '티쿤올람'의 실천이다.

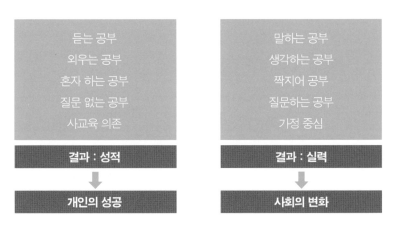

듣는 공부	말하는 공부
외우는 공부	생각하는 공부
혼자 하는 공부	짝지어 공부
질문 없는 공부	질문하는 공부
사교육 의존	가정 중심
결과 : 성적	**결과 : 실력**
↓	↓
개인의 성공	**사회의 변화**

한국인의 공부 vs 유대인의 공부

듣는 공부 vs 말하는 공부

교사는 혼자만 알고 떠들어서는 안 된다. 만약 아이가 듣기만 한다면
가르치는 것이 아니라 앵무새를 키우는 것일 뿐이다.

-탈무드

뇌가 활동하지 않는 듣는 공부

우리나라 학생의 공부 시간은 대부분을 '듣기'로 보낸다. 학교 수업
에서 듣고, 학원 수업에서도 듣고, 인터넷 강의도 듣는 공부이다. 엄마
는 학교에 가는 자녀에게 선생님 말씀 잘 듣고 오라고 당부하고, 교사
는 수업 시간에 설명을 잘 들으라고 강조한다. 이처럼 듣는 것이 바로
공부라고 생각한다.

교사나 학원 강사가 칠판에 수학 문제를 푸는 것을 보면서 들을 때는 나도 풀 수 있을 것 같다. 영어 선생님이 독해하는 것을 듣고 있으면 무슨 내용인지 이해가 된다. 듣기는 지금 내가 공부하고 있다는 만족감을 준다. 하지만 듣는 공부는 연구에 의하면 24시간이 지나면 5%만 기억에 남는다.

왜냐하면 듣는 공부는 집중력에 도움이 되지 않기 때문이다. 미국 MIT 미디어랩에서 대학생을 대상으로 한 주간 뇌 활동을 분석하는 실험을 했다. 검사 장치를 통해 다양한 활동 때마다 교감신경계의 전자 파동을 기록했다. 교감신경계가 활성화된다는 것은 집중도가 높고 깨어 있음을 의미한다. 실험 결과 숙제나 실험을 할 때는 교감신경계가 활발했다. 심지어 잠을 잘 때도 활동을 하고 있었다. 그런데 강의를 들을 때와 TV를 볼 때는 거의 활동하지 않았다. 즉 강의를 들을 때 우리는 집중한다고 생각하지만, 뇌는 거의 활동하지 않는 상태인 것이다.

듣는 공부의 또 다른 문제는 수동성에 있다. 인간은 능동적으로 일할 때 의욕과 흥미가 생긴다. 하지만 듣기 위주의 공부는 학생들에게 어떤 동작이나 생각도 요구하지 않는다. 듣는 자세는 TV나 영화를 보는 자세와 거의 같다. 강의나 인강을 듣고 있을 때는 안다고 생각하지만, 막상 풀어 보면 모르는 경우가 많다. 귀는 듣고 있지만 뇌는 거의 움직이지 않기 때문이다.

우리는 공부할 때 듣는 것만 인정되었고 말하는 것이 금지되었다. 필자가 어렸을 때는 교실 칠판에 항상 '실내 정숙'이라는 구호가 쓰여 있었다. 수업 시간에 학생들이 가장 많이 듣는 말은 "조용히 해."이다. 학교 자습 시간에 교사의 역할은 학생들이 아무도 말하지 못하게 하는 것이다.

우리 문화는 말을 적게 하거나, 하지 않는 것이 미덕이었다. '빈 수레가 요란하다.', '세 치 혀가 사람 잡는다.', '낮말은 새가 듣고 밤말은 쥐가 듣는다.', '가만 있으면 본전'이라는 속담은 말에 대해 부정적이다. '침묵이 금'이라는 말도 마찬가지이다. 밥 먹을 때 말하지 않는 것이 예의였고, 어른의 말에 잘못 대답했다가는 말대꾸한다고 꾸중을 들어야 했다. 그리고 선생님 말씀을 잘 듣는 것이 모범생이었다.

물론 공부는 듣기에서 출발함을 부인할 수 없다. 씨앗이 있어야 싹이 튼다. 공부에서의 씨앗은 듣기와 읽기이다. 하지만 씨앗만으로 스스로 싹트지는 않는다. 들었으면 스스로 익히는 시간이 필요하다.

공부의 신(神) 강성태는 『66일 공부법』에서 다음과 같이 말한다. "수업을 듣는 시간은 공부한 시간이 아니냐고 물을 수도 있는데 단호히 말한다. 공신들은 수업 시간은 공부 시간에서 제외한다. 수업만 백날 듣는다고 시험에서 만점이 나오고 1등을 하는 게 아니다. 내 것으로 만드는 시간, 혼자 고민하고 자습하는 시간이 없다면 수업은 쓸모없는 일이 된다." 이는 듣는 공부만으로는 결코 성적 향상을 기대할 수 없다는 것이다.

결국 듣기 위주 공부를 하는 한국 청소년은 가장 오랜 시간 공부하면서 가장 효율성이 떨어지는 공부를 하고 있다. 그래서 고등학교 3

년 내내 학교와 학원에서 공부하지만 정작 성적은 거의 오르지 않는다. 많은 고등학생은 고1 첫 시험 성적과 고3 마지막 성적이 큰 차이가 나지 않는다. 혈기왕성한 청소년 시절의 대부분을 공부로 시간을 보내기 때문에 공부에 대한 스트레스를 가장 많이 받는다. 미래 행복을 위해 참고 견디며 하고 있지만, 막상 공부가 즐겁지도 않고, 성적도 오르지 않는다.

생각을 일깨우는 말하는 공부

유대인 공부는 말하는 공부이다. 그들은 대화와 토론으로 공부한다. 가정에서는 식탁에서 토론하고, 안식일의 많은 시간을 가족과 대화하면서 보낸다. 교실에서도 짝을 지어 큰 소리로 토론하며 공부한다.

유대인의 대화와 토론을 통한 공부는 탈무드에서 출발한다. 어릴 때 가정에서 아버지와 탈무드를 소리 내어 읽고 토론한다. 탈무드는 신의 계시에 대한 수많은 랍비의 생각이 담긴 토론과 논쟁의 기록이다. 철학, 윤리, 문학, 역사를 아우르는 삶에 대한 종합 지침서이다. 탈무드는 지식을 가르쳐 주는 책이 아니라 생각하는 방법을 통해 지혜를 가르쳐 준다. 이러한 탈무드로 유대인은 평생 토론하고 논쟁한다.

유대인의 대화와 토론은 주로 저녁 식탁에서 이루어진다. 다음은 KBS 「공부하는 인간」에 나온 유대인 아버지와 딸의 대화이다.

아버지 : 너도 기억하겠지만 우리는 항상 저녁 식사를 같이했어. 저녁 식사를 하면서 너와 질문과 대화를 이어 나갔지.

딸 : 예. 끝없이 제가 질문을 던지고 아버지가 대답해 주시는 놀이를 하곤 했어요. "하늘은 왜 푸를까?" 등 별의별 질문을 했죠.

아버지 : 맞아. 계속 "왜?"라는 질문으로 탐구했어. 그 질문의 답이 정해져 있더라도 더 나아가서 "왜?"라고 생각해 보는 거야. 세상의 모든 것은 계속 변하기 때문이지.

방송에 나오는 딸은 한국에서 미혼모의 딸로 태어나 생후 5개월 때 유대인 가정에 입양된 릴리 마골린이다. 그녀는 가족 식탁에서 질문과 토론을 통한 대화로 유대인 문화를 배워 나갔다. 아버지는 릴리가 끊임없이 새로운 질문을 하도록 유도했고, 질문할 때마다 열심히 응대했다. 그녀는 특별한 사교육 없이 하버드 대학교에 입학했고, 현재는 구글에서 근무한다. 릴리는 좋은 머리로 태어난 것이 아니라 좋은 머리가 되도록 양육되었다. 그 방법은 가정에서 부모와 질문으로 대화하고 토론하는 것이다.

유대인은 토론과 논쟁에 능하다. 그 이유는 '후츠파(chutzpah)' 정신 때문이다. 후츠파는 '철면피'와 '뻔뻔스러움'을 뜻하는 히브리어인데, '당당하게 자기 생각을 밀고 나가는 유대인의 정신'을 뜻한다. 이는 뻔뻔하면서도 당돌할 정도로 주장을 당당히 밝히며, 상대 논리에 반박하는 유대인 특유의 도전정신이다.

그들에게 상명하복은 없다. 질문과 토론은 권리이자 의무이다. 상대방의 나이와 지위에 상관없이 수평적 관계에서 토론한다. 자녀가 부모에게, 학생이 교사에게, 하급자가 직장 상사에게, 심지어 군대에서 부하가 상관에게도 당당하게 주장한다. 다른 사람의 주장에 의문이 생기면 질문하고, 자기 생각과 다르면 반박한다.

펜실베이니아 대학교 부총장을 지낸 에제키엘 이매뉴얼(Ezekiel Emanuel)은 『유대인의 형제 교육법』에서 "우리 집에서는 누구나 불타는 열정으로 무슨 말이든 할 수 있었다. 그것이 상대방을 모욕하는 말이라고 해도 상관없었다. 그런 말을 진지하게 받아들이거나 사적으로 받아들이는 사람은 아무도 없었다. 아닌 게 아니라 나는 누군가와 시간을 들여 논쟁하는 것이 상대방의 생각을 존중한다는 의미임을 깨달았다. 누군가가 자기 생각을 말할 때 그저 고개만 끄덕이거나 미소로 일관하는 것이 오히려 더할 수 없는 모욕이었다."라고 말한다.

논쟁이 상대를 존중한다는 의미이며, 오히려 맹목적 수용이 모욕적이라는 내용이 인상적이다. 다른 사람과의 논쟁을 피하는 것이 예의라고 생각하는 우리와는 다른 문화이다. 생명윤리학계의 세계적인 석학이기도 한 그의 다른 두 형제는 오바마 대통령 초대 비서실장을 지낸 뒤 현재 시카고 시장으로 있는 람 이메뉴얼, 그리고 제시카 알바와 리즈 위더스푼 등 유명 연예인을 거느린 할리우드의 대형 에이전트 대표인 아리 이매뉴얼이다.

유대인의 말하는 공부는 교실에서도 드러난다. 저학년 때는 짝을 지어 책을 큰 소리로 읽는다. 말하는 공부를 연습하는 것이다. 학년이 올라갈수록 질문과 토론이 수업의 중심이 된다. 유대인 교사는 늘 질문을 통해 학생의 생각을 자극하고 말하게 한다. 교사와 학생이 서로 주고받는 말이 활발할수록 교육 효과는 상승한다.

EBS에서 말하는 공부의 중요성을 입증한 적이 있다. 조용한 공부방과 말하는 공부방으로 나누어 각각 8명의 대학생을 대상으로 같은 내용을 공부하게 했다. 조용한 공부방에서는 밑줄을 치고 외우며, 각각 혼자서 열심히 공부했다. 하지만 말하는 공부방에서는 서로 질문하고 설명하면서 공부했다. 3시간 뒤 문제를 풀이한 결과 단답형, 수능형, 서술형 모두 말하는 공부방의 성적이 훨씬 높았다. 말을 하면서 생각이 정리되고, 설명하면서 자신이 알고 있는 것과 모르는 것이 명확해지기 때문이다.

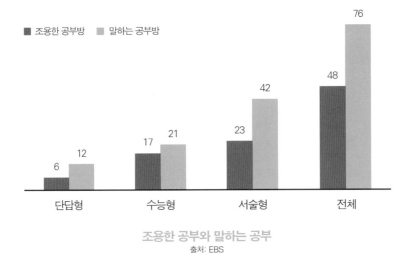

조용한 공부와 말하는 공부
출처: EBS

하브루타는 말하는 공부이다. 말은 생각이 입을 통해 나온다. 따라서 말은 생각이다. 한편으로 생각은 말을 통해서 정리되고 명료화된다. 그래서 전성수 교수는 "말은 생각 없이 할 수 없고, 말은 생각을 부르며, 생각이 생각을 부른다."라고 했다.

최근 교실 수업 개선을 위한 다양한 수업의 공통점은 말하기이다. 토론 수업, 거꾸로 교실, 배움의 공동체, 하브루타 수업의 핵심은 교사가 말하는 것이 아니라 아이들이 말하는 것이다. 말하기 위해 배운 내용을 기억해야 하고 생각해야 한다. 말하는 가운데 활발한 의사소통이 이루어진다. 그 가운데 교사의 강의로는 알 수 없는 것을 배우게 된다.

외우는 공부 vs 생각하는 공부

외웠느냐? 그러면 따라 할 수 있다.
잊었느냐? 그러면 창조할 수 있다.

－아인슈타인

외우고 시험 치고 잊는 공부

우리나라에서 듣기 다음에 많이 하는 공부는 '외우기'이다. 대부분의 시험은 얼마나 많은 지식을 알고 있느냐를 평가한다. 많이 외울수록 좋은 성적으로 이어진다. 따라서 학생들은 교사 이야기를 듣고, 그대로 외운다. 그리고 시험을 친 후 잊는다. 공부 잘하는 학생과 못하는 학생의 차이는 '공부 잘하는 학생은 시험 치고 잊고, 못하는 학생은 시험 치기 전에 잊는다.'라는 우스갯소리도 있다. 시험 잘 치는 것이 공부 목적이 되어 버린 우리 현실과 무관하지 않다.

이는 대학교 공부에도 이어진다. 서울대생 1,100명을 심층 조사한 이혜정 교수의 『서울대에서는 누가 A+를 받는가』에 의하면 서울대에서 4.0 이상의 높은 학점을 받은 학생의 공통점은 교수 강의를 한 마디도 빼놓지 않고 그대로 필기한 후, 완벽하게 외워서 똑같이 답안지에 적는 것이라고 한다.

서울대 최우등생의 특징은 수용적 학습 태도이다. 강의 내용에 절대 의문을 가지지 않는다. 이런 상황에서 비판적 사고나 창의력은 키워질 수 없다. 심지어 비판적 사고력은 공격적인 성향으로, 창의적 사고력은 엉뚱한 것으로 인식된다.

외우는 공부의 가장 큰 문제는 공부에 생각이 빠졌다는 점이다. 시험에서 교사의 말이 정답이고, 그 내용을 필기하고 암기한다. 선택형 문제는 정답을 기억해서 찍어야 하고, 서술형 문제는 외운 내용을 그대로 써야 한다. 흔히 논술이라고 하면 생각을 묻는 시험이라고 생각한다. 하지만 대학 입시 논술도 생각을 묻는 문제가 아니고, 이해력과 분석력을 묻는 문제가 대부분이다. 심지어 교사가 되기 위한 임용고시 논술도 교육학 책에 나오는 정답을 외워서 써야 한다.

모든 학문의 출발인 철학은 생각하기에서 비롯하였다. 자연과 인간에 대해 호기심을 가지고 질문하고, 해답을 찾는 과정이 공부이다. 이 모든 과정은 생각으로 이어진다. 그런데 외우는 공부는 생각할 필요가 없다. 내용을 외워서 그대로 쓰면 된다. 서울대생들도 답지에 자기 생각을 적지 않는다. 교수의 말이 정답이기 때문이다.

물론 공부에서 암기를 전적으로 부정하는 것은 아니다. 백지 상태에서는 새로운 생각이 나오지 않는다. 문제 해결을 위해 기본 지식은 외우고 있어야 한다. 조선시대 유교 경전 공부도 암기가 출발이었고, 산업화 시대의 우리 경제 발전에도 도움을 준 공부법이다.

하지만 지금은 지식과 정보의 양이 폭발하는 시대이다. 하루에 생산되는 새로운 정보만 하더라도 과거 수백 년 동안 생산된 정보량과 비슷하다. 또한 외워서 알 수 있는 지식은 스마트폰을 통해 바로 접할 수 있다. 이런 상황에서 단순히 외워서 답지에 정답을 찾는 공부만으로는 미래 사회에 대비할 수 없다.

그런데 4차 산업혁명 시대에 우리 공부는 산업 시대에 머물러 있다. 대부분의 공부 시간을 검색으로 바로 알 수 있는 단순 지식을 암기하느라 보내고 있다. 그래서 미래학자 앨빈 토플러도 우리나라 강연에서 "한국 학생들은 하루 15시간 동안 미래에 필요하지 않을 지식과 존재하지도 않을 직업을 위해 시간을 낭비하고 있다."라고 비판한 적이 있다.

독서 전문가 김병완은 『공부에 미친 사람들』에서 아인슈타인의 인터뷰 내용을 소개한다. 기자의 "당신의 머릿속에는 무엇이 들어 있나요?"라는 질문에 아인슈타인은 다음과 같이 말했다. "아직 책에 실리지 않은 내용들이 들어 있지요. 책에서 볼 수 있는 사건이나 사람 이름, 공식만 외우는 게 공부라면 군이 대학에 갈 필요가 있겠습니까?

고등교육은 학생들에게 사고하는 힘과 탐구할 수 있는 재능을 양성하는 데에 중점을 둬야 한다고 생각합니다. 세계적인 문제는 책이 아니라 사람들의 사유와 지혜로만 해결할 수 있으니까요." 이는 단순히 지식을 암기하는 사람이 아니라 생각과 탐구를 통해 더 높은 차원의 지혜를 창출하는 사람이 되어야 한다는 것을 시사한다.

우리 국민은 가장 열심히 일하고, 우리 청소년은 가장 열심히 공부한다. 이러한 근면과 교육열이 비교적 짧은 시간에 세계인이 놀랄 만한 경제 성장을 이루었다. 하지만 세계적인 과학자나 연구 성과는 드물다. 우리나라가 높은 교육열과 경제 성과에도 불구하고 노벨상을 받지 못하는 이유는 간단하다. 외운 내용을 그대로 옮기면 정답이 되는 공부를 했기 때문이다. 이는 공부에 창의성을 요구하지 않는다. 배운 내용에 의문을 품거나 질문할 필요가 없다. 그러나 노벨상은 창의적인 사람이 받는다.

정답을 외우는 공부만으로는 미래 사회를 대비할 수 없다. 일본의 교육개혁 실천가인 후지하라 가즈히로는 『10년 후, 우리 아이의 직업이 사라진다』에서 다음과 같이 말한다. "정답에 가까운 의견은 무엇보다 재미가 없으며, 뇌를 활성화시키지도 못합니다. 바로 떠올릴 수 있는 정답에 가까운 의견은 이미 전 세계 100만 명 정도가 똑같이 생각하고 있을 것입니다. 그것을 1만 개 정도의 회사가 시도했을 것이고, 그중 300개 정도의 회사가 시행착오를 거친 후 실패했을 겁니다. 몇 군데 회사에서 성공했다면 벌써 상품화되었을 테고요. 따라서 논의에서 조금은 벗어난 의견을 마음껏 내보면서 정답주의 모드에서 뇌를 해방시킬 필요가 있습니다."

우리나라 공부 인재는 지식을 음식으로 비유했을 때 주어진 시간에 가장 많이 먹는 '푸드 파이터'에 비유할 수 있다. 한정된 시간에 최대한 많은 지식을 이해하고 암기하는 것을 공부 잘하는 인재라고 생각한다. 하지만 4차 산업혁명 시대의 인재는 주어진 재료로 새로운 요리를 창출하는 '셰프'가 되어야 한다.

너의 생각은 무엇이니?

유대인은 자녀에게 몸보다 머리를 써서 사는 것이 유대인답게 사는 것이라고 가르친다. 그래서 생각하는 공부를 한다. 유대인이 어려서 처음 공부를 시작할 때부터 접하는 말이 있다. '마따오쉐프' 즉 '너의 생각은 무엇이니?'라는 말이다. 교사는 수업에서 학생들에게 연신 '마따오쉐프'를 외친다. 학생이 대답하면 그 대답에 대한 다른 학생의 생각을 또 묻는다. '마따오쉐프'는 단순히 지식을 전하기보다는 학생이 깊이 생각하고 참여하게 하려는 목적이 있다.

이러한 질문을 받고 스스로 생각하면서 창의력이 생기고, 자기 생각을 누구 앞에서도 당당히 밝힐 수 있게 된다. '유대인 100명이 있으면 100개의 의견이 있다.'라는 속담이 있다. 각자 다른 생각이 있고, 다른 생각이 존중받는다는 의미이다.

몸에 적절한 힘을 쓰면 근육이 만들어진다. 마찬가지로 생각하는 힘을 키우면 생각의 근육이 만들어진다. 근육이 몸을 튼튼하게 하는 것처럼, 생각 근육은 생각을 튼튼하게 한다. 튼튼해진 생각에서 상상력과 비판력, 창의력이 나온다. 이러한 생각 근육을 키우는 가장 좋은 방법이 질문과 토론이다. 유대인은 모든 삶 속에서 질문과 토론이 일상화되어 있다. 가정에서 아버지와 자녀가 토론하고, 학교에서 친구와 토론한다. 질문과 토론을 통해 더 많이, 더 깊이 생각한다.

'두 사람이 모이면 3가지 의견이 나온다.'라는 유대인 속담이 있다. 생각과 생각이 만나면 시너지 효과가 있다. 소설가 버나드 쇼는 "두 사람이 각자 가지는 하나의 사과를 교환하면 사과 하나씩을 갖게 되지만, 아이디어를 하나씩 교환하면 각자 2개의 아이디어를 갖게 된다."라고 했다. 하나의 생각에 다른 하나를 더하면 2개의 생각이 되고, 효과는 10배가 될 수도 있다. 두 사람이 대화하면 두 사람의 지식을 나누는 데 그치지 않는다. 각각 혼자서는 생각하지 못했던 새로운 지혜가 생기는 것이다.

하버드 대학교 교수이자 세계 500대 기업의 관리 자문과 기업 훈련을 진행했던 쑤린은 『유대인의 생각 공부』에서 유대인이 세계 경제의 중심에 선 이유를 다음 2가지로 제시한다. "첫째, 유대인은 선조로부터 이어져 내려온 사업 경험을 축적하고 발전시킴으로써 그들만의 사업적 재능과 노하우를 길러 왔다. 둘째, 수많은 핍박과 박해를 받으면서도 이에 굴하지 않고 세계 최고의 부자 반열에 오를 수 있었던 원동력은 다름 아닌 '생각의 힘'이다."

　많은 사람이 우리나라 청소년은 생각이 없다고 걱정한다. 어른의 질문에 "몰라요."라는 말을 달고 사는 아이도 있다. "몰라요."는 "생각하기 싫어요."의 다른 표현이다. 하지만 아이들이 처음부터 생각하는 것을 싫어했던 것이 아니다. 어른들이 생각할 기회를 주지 않았기 때문이다. 물고기를 잡는 방법을 가르쳐 주지 않고, 부모가 물고기를 잡아 아이들이 그냥 먹게만 했다.

　수업에서도 교사는 내비게이션처럼 모든 내용을 친절하게 설명하면서 아이들에게 생각하는 기회를 주지 않았다. 이제 지식을 달달 외우는 공부보다 지식에 질문하고, 생각하는 공부가 필요한 때이다.

혼자 하는 공부 vs 짝지어 공부

혼자 힘으로 모든 것을 해낼 수 있다는 생각만 버린다면
완전히 실패하는 경우는 없다.

- 마이클 델(Dell 컴퓨터 CEO)

경쟁하며 혼자 하는 공부

우리는 항상 혼자서 공부한다. 교실에 짝이 있지만, 공부할 때 서로 말하지 않는다. 독서실에서도 칸막이 속에서 혼자 공부한다. 내신과 수능이 등급제인 제도에서 학급 친구마저도 경쟁 상대가 된다. 경쟁 상대와는 협력하기 어렵다.

공자는 '배우고 때때로 그것을 익히면 또한 기쁘지 아니한가(學而時

習之 不亦說乎)'라고 하면서 공부를 기쁨의 대상으로 여겼다. 하지만 우리는 공부가 입시와 취업 경쟁으로 인해 고통의 대상이 되었다. 필자가 행복을 주제로 하브루타 수업을 할 때, '미래의 행복을 위해 현재 행복을 희생하는 것은 옳은가?'라는 질문으로 토론하게 한 적이 있다. 많은 학생이 공부는 미래 행복을 위해 현재 즐거움을 포기해야 하는 희생이라고 생각하고 있었다.

공자는 앞의 말에 이어서 '친구가 먼 곳에서 찾아오면 즐겁지 아니한가(有朋自遠方來 不亦樂乎)'라고 말한다. 이는 친구와 벗하여 학문을 나누는 기쁨을 말하고 있다. 조선시대에도 이황과 기대승은 편지로 사단칠정(四端七情)에 대해 논쟁하며, 우리 성리학의 발전을 가져왔다. 이처럼 성인들은 학문을 함께하는 것으로 보았으며, 그 가운데 즐거움과 학문성과를 이루었다. 하지만 등급제 입시에서 경쟁하는 우리는 주변 친구들과도 협력하지 못하는 공부를 하고 있다.

『서울대에서는 누가 A+를 받는가』에 따르면 서울대 최우등생들은 팀 프로젝트에서 시작 단계인 주제 선정부터 마무리 단계인 발표나 리포트 제출에 이르기까지의 전 과정에서 주도권을 가지고 혼자 수행한다. 일단 팀이 정해지면 누구보다도 먼저 프로젝트 주제를 열심히 준비한다. 그리고 팀원들에게 자신이 원하는 주제를 설득하고, 자신이 주도적으로 진행한다.

팀 프로젝트는 단순한 그룹 학습이 아니라 머리를 맞대어 아이디어를 공유하고 발전시키는 과정을 통해 시너지를 창출하는 협동 역량을 요구하는 활동이다. 그러나 내 성적은 내가 책임진다는 생각에서 협업을 불편해한다. 역할 분담의 경우에도 마지막에는 팀원들이 맡은 부분을 모두 수합해 팀원과 상의하지 않고 혼자 수정한다.

물론 혼자 공부하는 시간은 필요하다. 기본 개념을 습득하고 이해하는 과정에서는 혼자서 책을 읽고 익혀야 한다. 하지만 우리 공부의 문제는 처음부터 끝까지 혼자 한다는 데 있다. 혼자 하는 공부는 한계가 있다. 단순한 지식 습득에는 효과가 있지만, 그 이상의 생각과 지혜를 창출하기는 어렵다.

짝지어 협력하는 공부

하브루타의 가장 큰 특징은 짝을 지어 공부한다는 점이다. 가정에서는 부모와 자녀가 짝이 되고, 학교와 예시바에서는 친구끼리 짝이 된다. 하브루타는 히브리어로 친구라는 의미인 '하버(Haver)'에서 유래되었다. 즉 하브루타는 공부하는 파트너를 의미한다. 유대인 대학의 도서관에는 칸막이가 없다. 열린 공간에서 짝을 지어 토론한다.

유대인이 짝을 지어 공부하는 것은 핍박의 역사와도 관련이 있다. 유대인은 오랫동안 나라 없이 전 세계에 흩어져 살았으며, 그 가운데 많은 핍박을 받았고, 학교 교육을 제대로 받지 못했다. 그래서 그들은 학교나 스승이 없어도 배울 수 있는 방법을 찾아냈다. 그것이 바로 짝을 지어 공부하는 것이다.

서로를 통해서 배우면 더 깊게 배우게 된다. 하브루타 연구가인 엘리 홀저와 오릿 켄트는 『하브루타란 무엇인가』에서 "나뭇개비 하나로는 불을 피울 수 없듯이, 토라의 진리도 독학으로는 깨달을 수 없다."라고 말한다. 그들은 하브루타로 내 생각을 다른 사람에게 전달하는 과정에서 좀 더 정확한 표현을 찾으려 노력하게 되고, 이러한 노력은 공부하는 내용의 이해를 높여 주고, 내가 말하려는 주제에 대해 생각하는 방식에도 긍정적인 영향을 준다고 주장한다.

유대인 속담에 '쇠가 쇠를 날카롭게 한다.'라는 말이 있다. '쇠'는 사람이고, '날카롭게 한다.'라는 것은 지혜를 의미한다. 즉 사람을 통해서 지혜를 배운다는 것이다. 혼자서 책을 읽고 공부하면 책의 수준을 능가할 수 없다. 수동적이고 수용적인 공부를 하게 된다.

하지만 짝과 협력하면 혼자서는 생각할 수 없는 창의적인 공부를 하게 되고, 책을 넘어서는 공부를 할 수 있다. 책을 통해서는 지식을 배울 수 있지만, 지혜는 사람을 통해서 얻게 된다. 탈무드라는 수천 년 동안 누적된 지식이 하브루타라는 대화와 토론을 통해 유대인의 지혜로 거듭난 것이다.

하브루타 파트너는 부모나 친구처럼 친밀한 관계가 많지만, 낯선 사람과의 하브루타도 유익하다. 왜냐하면 다양한 의견과 정보를 접할 수 있기 때문이다. 같은 주제라도 토론하는 사람이 달라지면 다른 생각이 떠오르고, 상대 주장에 따라 다르게 반박해야 한다. 예시바에서 하브루타를 하는 파트너들은 처음 만난 경우에도 자연스럽게 토론한다. 모르는 사람이 보면 마치 싸움을 하는 것처럼 치열하게 토론한다.

하브루타는 관계성을 높인다. 대화와 토론을 통해 상대의 생각을 듣고, 이해하고, 소통하게 된다. 현대 사회의 많은 문제가 관계성 단절에서 비롯한다. 가정에서 부모와 자식 간의 관계가 단절되고 있다. 부모와 자녀는 각자 역할에만 관심이 있다. 부모는 돈을 벌고, 자녀는 공부하는 식이다. 학교에서는 친구 간의 관계가 단절되고 있다. 놀이를 통해 친구 관계가 형성되는데, 학교를 마치면 바로 학원에 가야 하는 상태에서 친구 관계가 형성될 리가 없다. 이런 관계성 회복을 위해 가장 좋은 방법이 대화이다. 하브루타는 다음 2가지 특징을 통해 관계성을 높인다.

첫째, 하브루타의 짝은 대등한 관계이다. 상대가 부모, 스승과 같이 사회적으로는 수직적 관계일지라도 학문과 토론 상대로는 수평적 관계이다. 이러한 관계에서 상대 입장에 대해 비판할 수도 있고, 자유로운 논쟁이 가능하다. 유대인의 이러한 대등한 관계에서의 토론이 둘이 만나 3개의 생각을 만들고, 상상력과 창의적인 사고로 이어진다.

둘째, 하브루타의 짝은 협력적 관계이다. 일반적으로 토론 상대는 경쟁 관계이다. 설득과 논쟁을 통해 자기 입장의 정당성을 펴는 것이다. 상대 주장을 경청하기보다는 상대 주장에 반박하기 위한 허점을 찾기에 바쁘다. 한쪽은 이기고, 한쪽은 지는 제로섬(zero-sum) 관계이다. 하지만 하브루타는 경청하고 서로 존중한다. 토론을 통해 함께 배우고 성장한다. 혼자서 책으로는 배울 수 없는 깨달음을 얻게 된다. 따라서 하브루타의 짝은 모두 이기는 윈윈(win-win) 관계이다.

이렇게 짝을 지어 공부하는 하브루타는 인성 교육 효과도 뛰어나다. 하브루타의 반은 말하기이고, 반은 듣기이다. 자기 생각을 말하는 것도 중요하지만, 제대로 된 토론을 위해서 경청하는 자세가 필요하다. 경청(傾聽)은 몸을 기울여 듣는 것을 말한다. 이는 상대방에 대한 존중에서 나오는 태도이다.

이렇게 함께 질문하고 토론하는 과정에서 협력하게 된다. 공부에 대한 자신감은 키우면서 교만하지 않은 마음을 갖게 된다. 함께 공부해서 얻은 성과는 혼자만의 성공이 아니다. 따라서 하브루타는 기부 문화인 쩨다카와 연결된다. 쩨다카(Tzedakah)는 '자선'에 해당하는 히브리어이다. 그러나 쩨다카는 단순한 자선이 아니라 공의(Justice)로서 의무적 행위이며, 가난한 자들에게 정당한 그들의 몫을 주는 것이다. 유대인 가정에는 구제를 위해 돈을 모으는 '푸쉬케'라는 상자가 있고, 이를 통해 어릴 때부터 이웃 사랑에 대해서 배운다.

원래 쩨다카는 하나님께 감사하며 속죄와 화목의 제물을 바치는 것이다. 그런데 로마에 의한 성전 파괴 이후, 여러 곳으로 흩어져 살게 된 유대인들은 하나님께 바칠 제물을 가난한 사람들에게 나눠 줌으로써 쩨다카 실천을 이어 가고 있다. 미국 인구의 2%에 불과한 유대인에게서 미국 전체 기부금의 50%가 나온다는 통계가 있을 정도로 쩨다카는 유대인의 가장 중요한 삶의 원칙이다.

쩨다카는 단순히 물질로 남을 돕는 행위만을 의미하지 않는다. 탈무드 원전 연구소 김정완 소장은 자신이 감역한 책『하브루타 삶의 원칙 쩨다카』에서 "쩨다카는 자선의 유익뿐만 아니라 서로 상대에게 토라를 가르치면 가르칠수록 서로가 더 큰 지식과 지혜를 얻는다."라고 말하면서, 나눌수록 더욱 풍성해지는 원리는 쩨다카나 하브루타나 모두 매한가지라는 점을 분명히 하고 있다. 결국 지혜를 나누는 하브루타와 물질을 나누는 쩨다카는 나눌수록 커진다는 공통점이 있으며, 유대인 삶의 중요한 두 원칙이다.

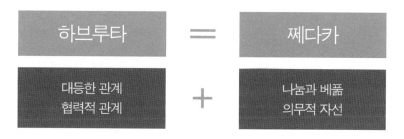

유대인 삶의 두 원칙

옛날에는 아리스토텔레스나 레오나르도 다빈치처럼 한 명의 천재가 대단한 성과를 이루는 경우가 많았다. 학문도 모두 철학으로 통합되어 있었다. 하지만 현대 사회는 한 명의 천재가 큰 성과를 내는 구조가 아니다. 모든 것이 세분되어 있으며, 그것을 연결해야만 문제를 해결할 수 있다. 따라서 서로 다른 능력을 가진 인재들이 소통하고 협업하는 팀워크가 중요하다.

하버드 대학교의 혁신 전문가 린다 힐은 "미래에 필요한 인재는 혁신적 천재이다. 그 천재성을 발휘하려면 나 홀로 천재가 아니고 집단 천재성을 가져야 한다."라고 말한다. 집단 천재성이란 다양한 능력을 가진 사람들이 모여 함께 해결하는 가운데 나오는 힘이다.

그래서 현대인에게 가장 필요한 역량이 의사소통 역량이다. 의사소통이란 서로의 뜻과 생각이 통(通)한다는 뜻이다. 통하기 위해서는 서로를 연결하는 것이 필요하다. 이제 혼자가 아닌 함께, 경쟁이 아닌 협력하는 공부가 필요한 시대이다.

공부는 평생 해야 할 장거리 여행이다. 영국의 한 신문사에서 '영국 끝에서 런던까지 가장 빨리 가는 법'이란 질문으로 현상 공모를 했다. 1등으로 선정된 답은 바로 '좋은 동반자와 함께 가는 것'이었다. 공부가 더 이상 혼자 책상에 앉아서 견뎌야 하는 고행이 되어서는 안 된다. 친구와 함께 서로의 페이스를 맞춘다면 즐거운 여행이 될 수 있다.

세계 기억력 선수권 대회 챔피언 군터 카르스텐은 『기억력, 공부의 기술을 완성하다』에서 함께하는 공부의 장점을 다음과 같이 제시했다.

- 새로운 시각을 배우고 자극을 얻는다.
- 서로에게 질문을 던지며 공동 학습의 효과를 높일 수 있다.
- 토론하면서 지식의 깊이를 더할 수 있다.
- 나의 모자란 점을 파악할 수 있다. 특히 다른 사람의 지식수준과

비교하여 나의 지식수준을 객관적으로 판단할 수 있다.

- 학습 전략을 서로 교환하여 최고의 학습 전략을 짤 수 있다.

- 잘못된 시각이나 사고방식을 빨리 판단할 수 있다.

- 학습 분량이 많을 경우 나누어 공부하고, 서로에게 가르쳐 줌으로써 학습 시간을 줄일 수 있다.

- 빈둥거리며 헛되이 보내는 시간을 줄이며, 책임감을 갖고 열심히 공부하게 한다.

질문 없는 공부 vs 질문하는 공부

학문의 길은 다른 길이 없다. 모르는 것이 있으면
길 가는 사람이라도 붙들고 물어야 한다.
심지어 나이 어린 하인이라 하더라도
나보다 글자 하나라도 더 많이 안다면 우선 그에게 배워야 한다.
자기가 남만 같지 못하다고 부끄러이 여겨
자기보다 나은 사람에게 묻지 않는다면
종신토록 고루하고 어쩔 방법이 없는 지경에
스스로 갇혀 지내게 된다.

－박지원, 『북학의』 서문

눈치 보이는 질문

우리는 질문하지 않는 문화이다. 아마 초등학교에서 대학교까지 수업에서 한 번도 질문하지 않은 학생이 수두룩할 것이다. 질문하는 것을 불편해하고, 심지어 수업을 방해하는 일이라고 생각한다. EBS에서 한 대학생에게 강의 시간에 5번의 질문을 하게 한 후, 다른 학생들의 반응을 살피는 실험을 했다. 학생들은 질문이 거듭되자 대부분 불편해하고, 심지어 수업 후 인터뷰에서 질문한 학생에 대해 "황당하고 나댄다."라는 말을 했다. 또한 쓸데없는 질문을 해서 수업 시간에 혼난 경험을 이야기하기도 했다.

한편 방송에서 보여 준 미국 대학 강의실 장면에서는 학생의 질문이 여기저기에서 이어지고, 교수의 말에 거침없이 비판하고 논쟁한다. 기자가 한 학생에게 질문이 수업에 방해가 된다고 생각하지 않느냐고 물었다. 그는 "배우고 싶어 대학에 왔고, 이해하지 못하면 반드시 이해할 때까지 질문한다."라고 대답했다.

질문은 3가지 이유로 한다. 첫째, 몰라서 질문한다. 상대의 말이 이해되지 않거나, 내용을 모를 때 질문한다. 둘째, 생각이 다른 경우에 질문한다. 대화에서 상대방과 자기 생각이 다를 때 질문을 통해서 상대 생각을 확인하고, 자기 생각을 전달한다. 셋째, 상대방을 비판하기 위해 질문한다. 질문을 통해 상대 논리의 문제점을 지적한다.

이 3가지 이유는 모두 공부하는 데 꼭 필요한 태도이다. 모르면 알기 위해서 질문해야 하고, 상대방과 생각이 다르면 접점을 찾아야 하며, 비판적 사고를 통해서 더 좋은 의견을 도출할 수 있다. 그렇다면 우리는 왜 질문하지 않을까?

첫째, 질문은 눈치가 보이는 일이다. 질문은 자기가 모르는 것을 다른 사람에게 드러내는 일이다. 그래서 이를 부끄럽게 생각한다. 무지가 탄로 날까 봐 참게 되는 것이다. 또한 다른 사람이 자기 질문에 대해 부정적인 생각을 할까 봐 눈치를 살피게 된다. 이는 체면을 중시하는 우리 사회 풍토와 관련이 있다.

둘째, 질문은 권위에 도전하는 일이라고 생각한다. 교사의 말과 교과서 내용은 시험에서 정답이다. 우리는 어릴 때부터 교사의 말은 무조건 옳고, 교과서 내용은 무조건 진리라고 생각했다. 다른 생각은 틀린 생각이 되고 만다. 교사의 말에 비판하는 일은 반항이며, 버릇없고 무례한 일이 된다. 더욱이 논쟁이 되는 질문은 상대방에게 시비를 거는 행위라고 생각한다. 이는 유교 중심의 사회 전통과 관련이 있다.

셋째, 질문은 공부를 방해하는 일이라고 생각한다. 우리 시험은 교사의 말에서 정답을 찾는다. 그래서 우등생들은 대부분 앞자리에서 열심히 듣고 필기한다. 교사의 말을 한 가지라도 더 듣고 필기하는 것이 좋은 성적과 연결된다. 이런 상황에서 질문은 타인의 공부를 방해하는 일이 된다. 이는 강의 중심의 주입식 교육과 자기 생각을 적는 일이 없는 우리 시험 제도와 관련이 있다.

이와 같은 이유로 우리는 질문하지 않으며, 다른 사람의 질문에 대해서도 부정적이다. 수업에서 교사가 학생에게 질문하는 경우가 있다. 하지만 생각을 묻는 질문이 아니라 교사의 말을 제대로 들었는지 확인하는 질문이다. 그리고 수업 마치고 종칠 즈음에 질문이 있느냐고 묻는다. 곧 쉬는 시간인데 아무도 질문하지 않는다. 결국 아무도 질문하지 않는 교실이 되고 만다.

하지만 질문은 모르거나 의심나는 점을 물어 대답을 구하는 일이다. 학문(學問)은 배울 학(學)과 물을 문(問)으로 이루어져 있다. 배움은 곧 물어보는 것이다. 탈무드에도 "공부할 때 자신의 무지를 드러내는 겸허한 사람은 최후에는 존경받게 된다."라는 말이 있다. 질문을 통해 제대로 된 공부를 할 수 있다.

교수법 전문가로『미국 최고의 교수들은 어떻게 가르치는가』를 쓴 몽클레어 주립대 켄 베인 교수는 "배운다는 것은 곧 질문할 줄 안다는 것이며, 최고의 교수들은 학생들이 질문하는 것을 보면 그 학생의 수준 혹은 마음가짐을 대번에 알 수 있다."라고 말한다. 그리고 "질문 없이는 배움이 불가능하다는 말씀이신가요?"라는 물음에 다음과 같이 말한다. "네. 그건 사실입니다. 인간은 질문할 때, 혹은 질문을 받고 고민할 때 가장 배움의 깊이가 깊어집니다. 최고의 교수들은 질문을 통해 학생의 호기심을 불러일으키고, 그 질문을 더 큰 지식을 향한 열쇠로 받아들이게 만드는 능력을 공통적으로 갖고 있었어요."

메이저리그 야구선수였던 박찬호가 MBC 「무릎팍도사」에 출연한 적이 있다. 그는 미국 선수 시절에 제일 힘들었던 일이 코치에게 질문을 받을 때였다고 말했다. "넌 어떻게 생각해?", "왜 이렇게 볼을 던졌어?"라는 질문에 박찬호는 코치가 혼내는 줄 알고 "죄송합니다."라는 말을 반복했다고 한다. 나중에야 코치가 선수의 생각을 듣고 싶어 한다는 사실을 알았다. 박찬호는 대답하기 위해 생각해야 했으며, 그 과정에서 자신이 성장하고 팀이 강해지는 것을 경험했다고 말했다.

질문에는 타이밍이 있다. 질문거리가 생겼을 때, 바로 질문해야 한다. 타인의 시선이 부담스러워서, 수업 흐름에 방해가 될까 봐, 모른다는 사실을 타인에게 들키는 것이 싫다는 이유 등으로 질문할까 말까를 고민하다가 결국 질문을 참는다. 하지만 시간이 지나면 내가 무엇을 몰랐는지도 잊게 된다. 결국 배울 기회를 놓치게 된다.

질문은 배우는 사람의 권리

유대인에게 질문은 배우는 사람의 권리이다. 왜 유대인이 노벨상을 휩쓰는가에 대한 질문에 노벨 물리학상을 받은 노르웨이 출신의 게이바 교수는 "유대인은 항상 궁금증을 가지고 질문하기 때문"이라고 말했다. 유대인 격언 중에 '한 번 길을 못 찾는 것보다, 열 번 길을 묻는 편이 더 낫다.'라는 말이 있다. 그들은 질문하지 않고는 제대로 배울 수 없다고 생각한다. 유대인에게 인간의 특징을 정의하라고 한다면 아마 '질문하는 존재'라고 할 것이다. 그들은 질문으로 호기심을 키웠고, 질문으로 해답을 찾았다.

유대인은 생각하는 힘을 키우기 위해 질문을 발견했다. 그들은 단순한 지식이 아니라 생각하는 힘의 중요성을 깨달았다. 지식은 시대에 따라 바뀐다. 하지만 생각은 새로운 지식을 창출한다. '물고기를 잡아 주면 하루를 살 수 있지만, 물고기를 잡는 방법을 가르쳐 주면 일생을 살 수 있다.'라는 유대인 격언에서 물고기는 지식을 의미하며, 물고기를 잡는 방법이 질문이다. 그들은 질문으로 생각하는 힘을 키웠다.

교수를 가르치는 교수라고 알려진 켄 베인은 『최고의 공부법』에서 유대인으로 노벨 물리학상을 받은 이시도르 라비(Isidor Rabi)의 이야기를 소개한다. "어머니는 그럴 의도도 없이 나를 과학자로 만드셨습니다. '이시도르, 오늘 선생님에게 무슨 질문을 했니?'라고 묻곤 했습니다. 바로 이 질문이 나를 과학자로 만든 겁니다."

유대인 부모는 학교에서 돌아온 자녀에게 어떤 질문을 했는지를 묻는다. 하지만 우리 부모들은 "선생님 말씀 잘 들었니?", "오늘 무엇을 배웠니?"라고 묻는다. 우리 부모의 질문에 대답하기 위해 자녀는 선생님 말씀을 수동적으로 듣고만 있으면 된다. 하지만 유대인 부모의 질문에 대답하기 위해서는 생각하고 말하는 능동적인 공부를 해야 한다. 이러한 질문의 차이가 노벨상 수상자 수의 치이를 낳았다.

질문의 차이

질문은 과학 발전의 힘이다. 자연 현상에 대해 "왜?"라는 질문과 호기심 없이, 무비판적으로 수용하는 태도만 보였다면 현재의 과학 발전은 없었을 것이다. 코페르니쿠스의 "태양이 움직일까, 지구가 움직일까?"

라는 질문이 수천 년 동안 내려온 인류의 잘못된 믿음을 바꾸었다. 갈릴레오의 "높은 곳에서 물건을 떨어뜨리면 무거운 것과 가벼운 것 중 어떤 것이 먼저 떨어질까?"라는 질문은 피사의 사탑에서 실험으로 이어졌다. 뉴턴은 "사과는 왜 아래로 떨어지는가?"라는 질문으로 만유인력의 법칙을 발견했다. 아인슈타인은 "만일 빛과 같은 속도로 움직이는 우주선이 있다면 어떻게 보일까?"를 질문하여 상대성 이론을 만들었다. 그들의 질문이 과학의 지평을 넓혔고 인류의 모습을 바꾸었다.

질문은 인문학의 발전도 가져왔다. 철학은 "어떻게 살 것인가?"에 대한 질문에 답을 찾는 과정이다. 소크라테스는 질문을 통해 보편적이고 절대적인 진리를 추구했다. 질문으로 상대가 무지(無知)를 스스로 깨닫게 했다. 인간을 신앙 시대에서 이성(理性) 시대로 이끈 데카르트도 '방법적 회의'라는 끝없는 의심과 질문으로 철학했다. 그는 '모든 것을 의심해도 그것을 의심하는 내가 존재한다는 사실만은 의심할 수 없다.'라는 사실을 깨달았다. 이를 통해 "나는 생각한다. 고로 존재한다."라는 의심할 수 없는 명제에 도달했다.

질문은 사회를 바꾸는 힘이다. 질문에는 문제를 제기하고 해결하는 힘이 있다. "지금 사회의 문제점은 무엇인가?", "지금보다 더 나은 제도는 없는가?"라는 질문이 봉건제를 타파하고 민주주의를 가져왔다. 민주주의는 명령이 아닌 대화와 토론을 통해 유지된다. 대화와 토론은 질문을 통해 이어지고 발전한다. 마르크스는 초기 자본주의 사회의 불평등에 질문해서 공산주의 이론을 만들었다. 공산주의는 비록 폭력적인 방법으로 실행되면서 대부분의 나라에서 종말을 맞았다. 하지만 빈부격차가 심화된 초기 자본주의 문제점을 비판하고, 현대 복지 자본주의 정책의 실마리를 제공하였다.

사회학자 엄기호는『공부 공부』에서 한 가지 기술로 평생을 살 수 없는 시대에 '배움의 기술'을 강조한다. 그래서 '공부한 사람'에서 '공부하는 사람'으로, 더 나아가 '공부할 줄 아는 사람'이 되어야 한다고 말한다. 공부할 줄 하는 사람이 되기 위한 배움의 기술이 질문이다. 질문은 꼬리를 물어 다른 질문을 낳는다. 또한 질문을 해결하기 위해 다양한 책과 자료를 찾고 선생님에게 물어보기도 한다. 그 과정에서 문제 해결력이 생기며, 배움의 폭이 넓어지며, 깊이도 더해진다. 이것이 바로 진짜 공부이다.

스승의 질문은 제자에게 참다운 배움을 유도한다.『정의란 무엇인가』의 저자인 마이클 샌델은 질문으로 강의한다. 그는 "여러분은 나의 질문에 답을 생각하고 또 생각하게 될 거예요. 왜냐하면 나는 계속 질문을 할 거니까요."라고 말한다. 하나의 주제에 대해 다양한 상황의 질문으로 당연하다고 생각하는 것에 의문을 품게 한다. 질문으로 생각을 일깨우고, 때로는 학생들을 혼란스럽게 한다. 그리고 "첫 수업부터 모호하고 둥글둥글하게 정치 철학이란 이런 거다 하며 이야기하는 건 정말 질색이다. 그 대신 나는 학생들에게 매력적인 질문을 던진다. 그것은 나의 학생들을 딜레마로 초대하는 일종의 초대장이다."라고 말한다.

필자의 하브루타 수업에서 아이들은 질문을 만들어 짝과 즐겁게 토론한다. 수업이 끝난 후에도 몇몇 아이들이 모여 토론을 이어 간다. 가장 많이 배울 수 있는 방법은 생각하고 질문하는 것이다. 우리는 왜 공부하는가, 지금 제대로 살고 있는가를 스스로에게 질문하고 생각해야 한다. 그리고 그 생각을 스스로 말로 표현해 보고, 다른 친구와 나누어야 한다. 그 과정에서 수업에서 배운 내용보다 더 많은 것을 배울 수 있다.

사교육 의존 vs 가정 중심

마음이 동하지 않는 아이를 학원으로 내모는 일은
자동차 궁둥이를 미는 일과 같다.
지금 당장은 몇 미터 앞서 갈 수 있지만,
스스로 시동을 걸고 내달리는 아이를 결코 따라잡을 수 없다.

- 김미현, 『우리 아이의 공부 근육을 키워라』

외주 하청 자녀교육

이 책을 읽는 청소년이나 학부모의 자녀는 지금 학원에 다니고 있는가? 만약 그렇다면 다음 질문에 "예."라는 대답을 할 수 있는지 응답해 보기 바란다.

 - 학원에 다닌 후 성적이 올랐는가?

– 학원에서 배운 내용을 복습하는가?

– 학원 수업에서 모르는 내용이 나오면 질문하는가?

세 질문 중 하나라도 "예."라고 대답했다면 학원을 다녀도 좋다. 하지만 만약 학원에 다니고 6개월이 지나도 성적 변화가 없다면, 학원에서 배운 내용을 따로 복습하지 않는다면, 학원에서 질문하지 않는다면 학원에 다닐 필요가 없다. 심지어 늦은 학원 수업 때문에 자습 시간이 부족하거나, 학교 수업에서 존다면 당장 학원을 그만두어야 한다.

부모들은 자녀를 학원에 보낸 것만으로 의무를 다했다고 생각하며, 성적이 오르지 않으면 자녀의 노력 부족 탓이라고 생각한다. 전성수 교수는 이를 '외주 하청 자녀교육'이라고 규정한다. 외주(外注)는 제품 제작을 외부 업자에게 주문하는 일이며, 하청(下請)은 맡은 일을 제 삼자가 독립하여 완성하는 것을 말한다. 남편은 아내에게 외주를 주고, 아내는 학원에 다시 하청을 주는 것이다.

우리나라에서 사교육을 전혀 받지 않는 학생은 드물다. 특목고에 다니거나 성적이 우수한 학생도 사교육을 받는 경우가 많다. 하지만 학원에 다니는 학생 모두가 성적이 오르는 것은 아니다. 오히려 성적 향상에 효과를 보지 못한 경우가 더 많다.

대치동에서 강사 활동을 하는 유대인 교육 전문가인 심정섭은『질문이 있는 식탁 유대인 교육의 비밀』에서 강남 학생들이 성과를 내는 진짜 이유는 학원의 교육 수준이나 강사진들이 탁월한 덕분이 아니라, 단지 비교적 우수하고 학원 수업을 견딜 수 있는 공부 그릇을 가진 아이들이 끊임없이 강남으로 유입되고 있기 때문이라고 말한다.

부모들이 선호하는 학원은 공부 잘하는 아이들이 모여 있는 학원이다. 하지만 공부 잘하는 아이들이 다닌다는 이유만으로 내 자녀의 성적도 오를 거라고 생각하는 것은 오산이다. 우등생의 경우 학원은 성적에 영향을 미치는 여러 요인 중의 하나에 불과하다. 나머지 요인인 내적 동기, 목표의식, 자습 시간 확보 등을 갖추지 않는다면 성적은 오르지 않는다.

주변 친구가 모두 학원에 다닌다는 이유라면 역시 계속 다녀야 할지를 고민해야 한다. 왜냐하면 학원에 다니는 친구 중 성적이 오르는 친구보다 오르지 않는 친구가 더 많기 때문이다. 이제까지 다녔다는 이유로 계속 다닌다면 가장 어리석다. 이제까지 학원으로 성적이 안 올랐다면 앞으로도 계속 오르지 않을 가능성이 크기 때문이다.

학원에 보낸 후 자녀 성적이 오르지 않는다면 계속 보내는 것을 고민해야 한다. 그리고 성적이 오르지 않는 원인을 살펴야 한다. 톱질을 하다가 나무가 잘 안 베어지면 톱날을 갈아야 한다. 그런데 톱날을 갈 시간이 없다. 학원에 다니느라 진짜 공부 할 시간이 없는 요즘 아이들의 모습이다. 학원에 의존하는 공부의 문제는 다음과 같다.

첫째, 스스로 공부하는 시간이 줄어든다. 공부는 배움[學]과 익힘[習]이다. 1시간 배웠으면 정리하고 익히는 데 별도의 충분한 시간이 필요하다. 학교와 학원에서 배운 내용을 스스로 복습하지 않으면 성적이 오르지 않는다. 그런데 학교와 학원 수업을 마치고 집에 오면 밤늦은 시간이다. 결국 듣고 잊어버리는 공부가 될 가능성이 크다.

둘째, 항상 공부하고 있다는 위안을 준다. 학원에서 2시간 강의를 들었다면 2시간 공부했다고 생각한다. 강사가 수학 문제를 푸는 것을 보고 있으면, 나도 풀 수 있을 것 같다는 생각이 든다. 하지만 눈으로 푸는 것과 손과 머리로 직접 푸는 것은 분명 다르다. 직접 풀어 보고 응용하지 않는다면 실제 시험에서 그 문제를 제대로 풀기 어렵다.

셋째, 자기 주도 학습 능력을 떨어뜨린다. 어릴 때부터 여러 학원에 다니며, 밤늦게까지 숙제하느라 하루를 보낸 아이들은 공부에 대해 흥미보다 지겨움을 먼저 경험하게 된다. 한국교육개발원에서 펴낸 「학원 효과에 관한 연구」 논문은 '중학교 시절 오랫동안 학원에 다닌 상위권 학생들의 성적이 고2가 되면서 떨어지는 현상을 보였다.'라고 발표했다. 고등학교에 들어가면 사교육에 기대어 공부하던 습관이 자기 주도 학습 능력을 떨어뜨리기 때문이다.

넷째, 선행학습의 문제이다. 선행학습은 학교 수업에 흥미를 떨어뜨린다. 마치 애피타이저로 배를 채워 본 음식의 식욕을 떨어뜨리는 것과 같다. 또한 빠른 진도로 짧은 시간에 많은 내용을 다루어 충분히 복습하기 어렵다. 선행학습은 예습과 다르다. 예습은 곧 배울 내용을 쉽게 받아들이기 위한 준비 공부이지만, 선행은 몇 달에서 몇 년을 앞당겨 공부하는 것이다.

대학 입시만을 두고 보더라고 공부는 12년간의 긴 마라톤이다. 처음부터 속도를 내면 빨리 지치거나 중간에 포기하게 된다. 단순 내용을 공부하는 초등학교에서는 사교육으로 앞서 달리다가, 자기 주도성이 요구되는 상급 학교에서는 속도가 급격히 떨어지는 학생이 흔하다. 무엇보다 인지 능력에 맞지 않은 선행학습으로 공부에 대한 흥미와 자신감이 떨어진다면 가장 치명적이다.

물론 선행학습이 필요한 학생도 있다. 공부 그릇이 큰 아이다. 학교에서 배운 내용을 충분히 이해하며, 지적 호기심으로 스스로 탐구하는 아이가 여기에 해당한다. 대부분의 학생에게는 선행학습보다 선수학습, 즉 앞서 배운 내용에 대한 이해가 더 필요하다. 선수학습에 대한 이해 없이 수업을 따라가기는 어렵기 때문이다. 선수학습은 복습을 통해 제대로 다질 수 있다.

EBS 교육대기획 「학교란 무엇인가」에서 서울대생과 일반 학생의 공부 시간을 비교하는 조사를 했다. 학원 수업이 포함된 총 공부 시간은 비슷했다. 장시간 학원에 다니니까 총 공부 시간에는 차이가 없는 것이다. 하지만 혼자 공부하는 시간을 비교한 결과는 확연히 달랐다. 서울대생은 평소나 시험 기간이나 혼자 공부하는 시간을 충분히 확보하고 있는 데 반해, 일반 학생은 시험 기간에만 혼자 공부하고 평소에는 학원에 의존하고 있는 것으로 나타났다.

혼자 공부하는 시간 차이가 성적 차이를 낳은 것이다. 일반 학생도 평소보다 시험 기간에 혼자 공부하는 시간이 급격히 늘어났다는 것은, 혼자 공부해야 시험을 잘 칠 수 있다는 것을 알고 있음을 입증한다. 또한 일반 학생은 성적이 떨어졌을 때 과외나 학원을 고려하는 데 비해, 상위 학생 대부분은 성적이 떨어지면 개인 공부 시간을 늘렸다.

학원이 성적 향상에 도움이 될 수 있다. 학교 수업에 충실하고 부족한 과목에 대해 간절함을 가지고 다니는 경우이다. 물론 충분한 복습은 필수이다. 예습보다 복습이 성적에 미치는 영향이 훨씬 크다. 왜냐하면 공부 내용은 과목 내에서 모두 연결되어 있기 때문이다. 앞 시간에 배운 내용을 제대로 이해하지 못하면 다음 수업 내용도 이해하기 어렵다. 제대로 된 복습은 자신감을 주어 수업 내용을 더 잘 이해하게 한다. 그래서 복습은 최선의 예습이다.

학원 수업만으로는 결코 시험을 잘 칠 수 없다. 학원에서 효과를 본 학생들도 학원을 잘 활용한 경우이지, 전적으로 학원에만 의존하지 않았다. 공부는 결코 강사의 풀이를 눈으로만 보는 구경거리가 아니다. 학원에 의존하는 공부는 실제 배움이 없어도 공부했다고 착각하게 한다. 어느 학원에 다니는가보다는 자신의 의지가 훨씬 중요하다. 학원에서 강의를 듣는 시간의 반만 스스로 복습해도 성적이 향상될 가능성이 더 크다.

가정 중심 자녀교육

유대인에게 내 자녀는 내가 가르친다는 가치관이 강하다. 이는 "오늘날 내가 네게 명하는 이 말씀을 너는 마음에 새기고, 네 자녀에게 부지런히 가르치며 집에 앉았을 때에든지 길에 행할 때에든지 누웠을 때에든지 일어날 때에든지 이 말씀을 강론하라."(신명기 6:5~7)는 토라의 실천이다. 히브리어로 부모라는 뜻인 호레(horeh)는 교사의 히브리어 모레(moreh)와 똑같은 어원으로 '가르친다'라는 의미가 있다. 이처럼 유대인은 가정에서 신앙을 전수하고, 자녀를 가르치는 것이 율법이고 의무이다.

따라서 유대인에게 가정이 교육의 중심이다. 부모가 교육의 책임자이다. '하나님은 세상의 모든 자녀를 다스릴 수 없어서 가정에 부모를 두었다.'라는 유대인 격언이 있다. 어렸을 때 어머니의 책 읽는 소리를 듣고 잠들고, 커서는 아버지와 탈무드로 토론한다. 어머니는 인성 교육을, 아버지는 탈무드를 비롯한 전반적인 교육을 담당한다. 그리기 위해서 부모는 끊임없이 공부하고, 늘 책을 읽는다.

유대인 공부는 아이가 잠들기 전 침대 머리맡에서 어머니가 책을 읽어 주는 '베드 사이드(Bed Side Story) 스토리'에서 시작된다. 잠자리에서 듣는 다정한 어머니의 목소리는 아이들 정서에 좋은 영향을 미친다. 그리고 어휘력과 문학적 상상력을 키운다. 커서는 자연스럽게 책을 접하게 되며, 문학적 표현도 배우게 된다.

세계적 인지신경학자 매리언 울프는『책 읽는 뇌』에서 "부모가 책 읽어 주는 소리를 들으며 보낸 시간의 양이, 아이가 성취할 독서 수준을 예언하는 좋은 척도가 된다."라고 주장한다. 유대인이 세계적 문학가를 많이 산출한 것도 이와 같은 이유 때문일 것이다. 노벨 문학상을 받은 유대인이 13명이나 된다. 작가 카프카, 시인 하이네, 노래 가사에 담긴 문학적 표현으로 노벨 문학상을 받은 팝 가수 밥 딜런도 유대인이다.

유대인 공부는 가족 대화에서도 이어진다. 노벨 물리학상 수상자인 데이비드 그로스(David Gross)는 "유대인이 우수한 이유는 유전자가 아니라 저녁 밥상머리에서 부모님들이 자녀들의 궁금증을 풀어 주는 대화 때문"이라고 말했다. '학자가 초대되지 않은 식탁은 하나님의 축복을 받을 수 없다.'라는 유대인 속담은 식탁이 단순히 식사하는 데 그치지 않는다는 것을 보여 준다. 대화하는 식사 시간이 그들에게는 가장 중요한 공부 시간이었다.

7개국 언어 천재이며, 『공부 기술』 저자인 조승연이 EBS 「부모」에서 말한 일화는 유명하다. "저는 일찍 미국에 유학 가서 공부했습니다. 고등학교 때 친했던 유대인 친구는 저에 비해 머리가 좋은 편이 아니었고, 성적도 뛰어나지 않았습니다. 그런데 그 친구가 하버드 대학교에 입학한 것입니다. 이유를 묻자 그는 다음과 같이 대답했습니다. 하버드 대학교 논술 문제가 내가 아버지랑 식탁에서 토론했던 내용보다 쉽게 나왔어."

이러한 식탁 대화를 통한 가정교육은 안식일에 빛을 발한다. 매주 금요일 저녁부터 토요일 저녁까지 지키는 안식일은 성경 율법에 따라 6일 일하고 하루 쉬는 날이다. '유대인은 안식일을 만들었고, 안식일이 유대인을 만들었다.'라는 말이 있을 정도로 오랜 핍박의 역사 가운데 굳건하게 유지되어 왔다.

유대인 교육 전문가인 이학승 교수의 『유대인의 진짜 공부법 워크북』에 의하면 안식일에 식사하면서 자연스럽게 하브루타가 진행된다. 아버지와 자녀 사이에 주로 이루어지며, 성경의 해당 본문에 대해 계속 질문을 던지고, 답변하고, 그것에 대해 토론한다. 자녀가 답변을 잘 못하거나 틀린 답을 말하면, 아버지가 다른 질문을 던져서 답을 찾아가도록 유도한다. 한 자녀와 아버지가 질문과 답변을 하다가 그것을 생활 속에서 어떻게 실천할 것인지의 문제로 가면, 모든 가족이 의견을 내면서 서로의 생각을 공유하고 해결점을 찾아가는 가족 간 그룹토의가 되는 것이다. 이처럼 유대인은 가정 대화가 토론이 되고, 토론이 공부가 된다.

이와 달리 우리는 가족 산에 대화가 부족하다. 가정에서 혹은 식당에서 외식할 때도 가족을 곁에 두고, 각자의 핸드폰으로 멀리 있는 사람과 대화한다. 부모와 자식 간에도 대화는 없고 말만 있다. 대화는 서로 주고받는 것이고, 말은 일방적이다. "공부해.", "밥 먹자.", "컴퓨터 그만해.", "학원 갈 시간이야." 등은 대화가 아니고 일방적으로 하는 말이다. 대화는 말하기와 경청하기가 포함된다. 따라서 대화는 소통이고 서로에 대한 존중이다. 우리나라 가정에도 대화가 많아진다면 교육 문제뿐만 아니라 각종 사회 문제 해결에도 큰 도움이 되리라 생각한다.

우리 부모는 자녀 공부를 위해 많은 것을 희생한다. 가계 수입의 많은 부분을 사교육비로 지출하고, 자신이 하고 싶은 일을 포기하고, 자녀를 지원한다. 하지만 유대인 부모는 자녀 공부를 위해 자신을 희생하지 않는다. 자녀와 함께 책을 읽고, 토론한다. 자녀를 위해 희생한 우리 부모는 버림받지만, 함께 공부한 유대인 부모는 존경받는다. 차이는 가정이 공부를 지원하는 장소인가, 아니면 가정이 공부하는 장소인가이다.

유대인에게 어떤 랍비나 학교 교사보다 부모가 최고의 스승이다. 이러한 가정에서의 공부가 유대인이 온갖 고난과 핍박 속에서도 강한 생명력을 유지한 비결이다. 그리고 사회가 복잡하고, 다양해질수록 더욱 진가를 발휘하게 될 것이다.

듣는 공부	VS	말하는 공부
외우는 공부	VS	생각하는 공부
혼자 하는 공부	VS	짝을 지어 공부
질문 없는 공부	VS	질문하는 공부
학원에서 공부	VS	가정 중심 공부

한국인과 유대인의 공부 차이

2장

□

하브루타 공부법의
효과

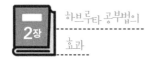

- 인텔 CPU로 작동하고, 마이크로소프트의 윈도가 깔린 IBM 컴퓨
터에서 구글을 검색하고, 유튜브로 동영상을 본다. 그리고 스마트
폰으로 페이스북을 한다.
- 맥도날드에서 햄버거와 코카콜라를 먹고, 스타벅스에서 커피를
마신다. 배스킨라빈스에서 아이스크림을 먹고, 던킨도너츠에서
도너츠를 먹는다.
- 스티븐 스필버그가 만든 할리우드 영화를 보거나, LA 다저스의 류
현진 선수를 응원한다.
- 코스트코에서 쇼핑하고, 캘빈 클라인 속옷을 입고, 리바이스 청
바지를 입는다.

우리 일상생활의 모습들을 묘사한 것이다. 위에서 언급된 브랜드의
공통점은 무엇인가? 그것은 바로 유대인이 창업하거나, 최고 경영자
인 회사들이다. 여러분이 한 달에 얼마나 많은 돈을 유대인 기업에 쓰
는가를 생각해 보라. 또 얼마나 많은 여가를 유대인의 도움 속에서 보

내는가를 생각해 보기 바란다.

공통점이 더 있다. 미국에 본사를 두고 있다는 점이다. 그리고 북한을 제외한 전 세계 어디에서나 만날 수 있다. 위의 기업들은 미국을 대표하고, 자본주의를 대표한다. 미국이 자본주의 중심이 되고, 지금의 모습을 갖추게 된 것은 제2차 세계대전을 전후해서이다.

유럽에 있던 유대인들은 나치의 핍박을 피해 뉴욕으로 대거 이주했다. 그들은 워싱턴포스트, 뉴욕타임스, LA타임스와 같은 신문을 창간하고, NBC, CBS, ABC와 같은 방송국을 만들어 언론을 장악했다. 유니버설 스튜디오, 파라마운트, 20세기폭스, 콜롬비아, 워너브라더스 등 할리우드 영화사도 대부분 유대인이 창업했다. 맨해튼 월가에서 금융을 시작한 것도 미국인이다. 만약 위의 기업들이 없다면 미국이 미국다울까? 그래서 어떤 사람들은 미국을 유대인의 발명품이라고 말한다.

유대인은 오랜 기간 외세로부터 수많은 고난을 받아 왔다. 그럼에도 불구하고 지금은 생존을 넘어 4차 산업혁명을 선도하고 있다. 이집트, 그리스, 로마 등 한때 세상을 지배하고 화려한 문명을 영위했던 민족들이 지금은 거의 힘을 잃고, 오래전 조상들이 만든 낡은 유적에 힘입어 관광업으로 살고 있는 것과 대비된다.

그들의 학문적 성과는 노벨상을 통해 빛을 발한다. 유대인은 노벨 과학상 분야에서만 145명을 배출했다. 노벨 생리의학상 54명, 노벨 물리학상 56명, 노벨 화학상 35명이다. 1969년에 신설된 노벨 경제학상은 수상자의 65%가 유대인이다. 또한 사업적 성과는 세계 100대 기업

소유주의 40%, 미국 최상위 부자의 40%가 유대인임에서 알 수 있다.

이런 유대인의 힘은 전적으로 교육열에 있다. 그들은 부동산을 소유할 수도 없었고, 금지된 직업도 많았다. 심지어 학교에 다닐 수 없는 경우도 있었지만, 교육만은 포기할 수 없었다. 한국일보 '이철 칼럼'에 소개된 유대인 교육열에 관한 유명한 일화가 있다.

로마의 군사령관 베시파시아누스가 예루살렘을 공격하기 전 랍비 벤 자카이를 만났을 때였다. 벤 자카이는 베시파시아누스가 곧 황제가 될 것이라고 예언했다. 바로 그 다음 날 베시파시아누스는 자신이 황제로 추대되었음을 로마로부터 통보받았다. 그는 벤 자카이의 예언을 신통히 여겨 그를 부른 후 "예루살렘을 멸망시키기 전 당신의 소원을 하나만 들어주겠다."라고 말했다. 랍비 벤 자카이는 이때 생각했다. 유대인은 로마인이 파괴할 수 없는 것을 가져야만 한다. 그것이 무엇일까? 교육이다. 로마인은 후손들에게 칼을 물려주겠지만 유대인은 후손에게 교육을 물려주어야 한다. 왜냐하면 교육은 칼보다 강하기 때문이다. 그러면 언젠가는 유대인이 로마인을 이길 것이라고 결론을 내렸다. 그래서 벤 자카이는 유대인 학자들이 집단 거주하며 학교를 세운 '아브네' 마을만은 로마군이 파괴하지 말 것을 건의했다. 베시파시아누스 사령관은 이를 흔쾌히 승낙하고 이튿날 예루살렘을 공격하여 불바다로 만들었다. 이때 성전의 서쪽 벽만 달랑 남았는데 이것이 오늘의 '통곡의 벽'이다.

유대인에게는 공부가 종교적 삶을 실천하는 방법이고, 그 자체가 목적이다. 유대인 변호사인 힐 마골린은 『공부하는 유대인』에서 다음과 같이 말한다. "나는 어느덧 성인 자녀의 부모가 되었지만 지금도 공부를 멈추지 않고 있다. 날마다 일을 시작하기 전에 하브루타 친구와 함께 1시간 반씩 탈무드를 공부한다. 하브루타는 나이와 계급, 성별과 관계없이 구성되는데, 서로 논쟁을 통해 진리를 찾아가는 과정에서 승자를 가리는 것이 아니라 더 넓고 깊게 사고하는 방법을 배우게 된다. 나는 이 과정이 항상 즐겁다." 힐 마골린은 앞서 나온 유대인 가정에 입양되어 유대인 교육법에 따라 공부하며 하버드 대학교를 졸업하고 구글에 입사한 한국 출신 릴리 마골린의 아버지이다.

공부를 잘하기 위해 필요한 뇌의 활동이 기억력, 사고력, 집중력이다. 우리 뇌는 살아가면서 필요한 정보를 기억한다. 그리고 기억에 의존해서 사고하고 판단한다. 또한 효율적인 기억과 올바른 사고를 위해 집중력이 필요하다. 이러한 3가지 능력을 키우는 공부법이 바로 하브루타이다.

질문하기 위해서 배운 내용을 기억하고, 궁금한 내용을 생각한다. 이 과정에서 자연스럽게 생각에 집중한다. 상대에게 말하는 과정에서 내용을 정리하고, 상대 의견에서 비판적 요소를 찾기 위해 경청하고 집중한다. 그 과정에서 뇌는 놀라울 정도의 사고력을 발휘한다. 필자는 유대인 공부법인 하브루타의 효과에 대해 다음과 같이 정리하였다.

① 자기 주도 학습 능력을 높인다.

② 뇌를 활성화시켜 사고력을 높인다.

③ 집중력을 높인다.

④ 오래 기억하게 한다.

⑤ 미래 인재 핵심 역량을 키운다.

자기 주도 학습 능력을 높인다

식욕 없는 식사가 건강에 해롭듯
의욕이 동반되지 않은 공부는 기억에 남지 않는다.

- 레오나르도 다빈치

내적 동기의 중요성

2010년 4월, 전 세계 주요 신문은 하버드 대학교 경제학자 롤랜드 프라이어(Roland Fryer)의 연구가 무위로 돌아갔다는 기사를 실었다. 그는 금전적 보상이 학업 능력 향상에 미치는 영향을 알기 위해 미국 뉴욕 등지에서 학생 1만 8,000명을 대상으로 2007년부터 3년 동안 무려 630만 달러(약 73억 원)를 사용했다.

성적 우수자에게 25달러에서 50달러까지 포상금을 주었고, 독서·출석·수업태도 등에서 다양한 기준을 세워 놓고 현금을 지급했다. 돈이 걸렸으니 당연히 아이들은 공부에 열을 올렸다. 그런데 그 효과는 매우 단기적이었다. 결국 3년간에 걸친 프로젝트는 현금 보상이 학습능력을 향상시키지는 못한다는 결론을 얻었다. 이는 외적 보상이 성적에 미치는 영향은 제한적임을 시사한다.

자기 주도 공부를 위해 필요한 것은 내적 동기이다. 외적 동기는 대가나 보상이 필요하며, 다른 사람과 비교해서 만족하는 것이다. 이를테면 좋은 대학, 좋은 직장 등이다. 반면에 내적 동기는 자신을 기준으로 삼는다. 스스로의 만족감, 성취감 등이 여기에 해당한다. 외적 동기 충족을 위해서는 늘 타인과 경쟁해야 한다. 하지만 내적 동기 충족을 위해서는 늘 자신을 돌아봐야 한다. 그리고 보상을 목표로 공부하는 외적 동기의 가장 큰 문제점은 호기심에 의한 자발적인 지적 욕구 충족인 내적 동기를 약화시킨다는 점이다.

내적 동기를 위해 필요한 것은 지적 호기심이다. 어떤 대상에 의문을 가지고 해답을 구하는 노력이야말로 진정한 자기 주도 학습이다. 강남의 대치도서관장인 유심덕은 『하브루타 창의력 수업』에서 "유대인 교육이 진정으로 지향하는 바는 자기 주도 학습이다. 스스로 생각하고 판단하는 능력을 키워 자신의 인생을 주체적으로 살아갈 수 있도록 하는 데 있다."라고 말한다. 지적 호기심을 가지고 질문하는 공부가 자기 주도 학습의 가장 좋은 조건이다.

유대인의 자기 주도 공부

OECD 학업 성취도 국제 비교 연구에서 한국 학생들은 읽기와 수학, 과학 등 모든 분야에서 40위 국가 중 최상위를 차지했다. 하지만 공부에 대한 흥미와 학습 능력에 대한 자신감 등 자기 주도적 학습 지표에서는 OECD 평균보다 낮았다.

자기 주도적이 되기 위해서는 스스로 목표를 정하고, 그 목표를 위해 나아가야 한다. 그런데 우리나라 학생의 목표는 성적이 정해 준다. 예를 들어 아주 공부를 잘하면 목표가 자동으로 의사가 되는 식이다. 자기 주도 학습의 5가지 기본 원리를 통해 유대인 교육이 왜 가장 자기 주도적인가를 살펴보겠다.

첫째, 개별화의 원리이다. 개별화는 각 아이에게 맞는 맞춤식 교육이 되어야 한다는 의미이다. 유대인 교육의 출발은 학교가 아니라 가정이다. 유대인 부모는 자신의 자녀가 남보다 잘하기를 바라지 않고 남과 다르게 자라기를 바란다. 탈무드에는 '형제의 개성을 비교하면 모두 살릴 수 있지만, 형제의 머리를 비교하면 모두 죽인다.'라는 말이 있다. 각 가정에서부터 아이의 개성과 재능에 맞는 교육을 통해 진정한 개별화 교육이 이루어진다.

둘째, 기본 학습 능력의 원리이다. 기본 학습 능력이 있어야 스스로 찾아서 공부할 수 있다. 유대인은 어려서 어머니의 베드 사이드 스토리를 통해, 그리고 아버지와의 탈무드 공부를 통해 이러한 기본적 학습 능력을 저절로 키우게 된다.

셋째, 상호 작용의 원리이다. 자기 주도 학습을 위해 교사와 학습자, 학습자와 텍스트, 학습자와 학습자 간의 상호 작용이 원만하게 일어나야 한다. 교사에 의한 일방적 주입 교육으로는 이러한 상호 작용이 불가능하다. 하브루타는 질문과 토론을 통해 학습자 간의 상호 작용을 가장 큰 특징으로 하는 공부이다.

넷째, 주도성의 원리이다. 학습자가 공부할 내용을 선택하고, 스스로 해결하는 것을 의미한다. 하브루타는 한 가지 텍스트를 공부하더라도 학습자마다 질문이 다르다. 각자의 질문에 서로 다른 해답을 찾는 과정이야말로 진정한 의미의 주도성의 원리라고 할 수 있다.

다섯째, 즐거움의 원리이다. 학습에 흥미를 느낄 때 시간 가는 줄 모르고 몰입하게 된다. 그리고 대화와 토론으로 자연스럽게 공부와 친밀하게 된다.

자기 주도와 부모 주도

자기 주도 학습이란 학생 스스로 목표를 정하고, 가장 효율적인 학습 전략을 선택하여 공부를 진행하는 것을 말한다. 이러한 자기 주도 학습의 필요성은 2가지로 설명된다.

첫째, 스스로 선택할 때 더 적극적인 공부를 하게 된다. 자기가 목표를 정하고 그 과정을 선택할 때 끊임없이 스스로를 성찰하면서 노력하게 된다. 시키는 공부만 하는 것보다 능동적일 때 능률이 오른다.

둘째, 미래 사회에 잘 대처할 수 있다. 새로운 지식을 빠르게 배우고, 이를 활용하기 위해서는 변화를 정확히 파악하고, 그 변화의 뒤를 따르는 것이 아니라 변화에 올라 타야 한다. 그래서 자기 주도 학습이 필요하다.

수능 만점자 30명을 인터뷰해서 그들의 공부법을 기록한 김도윤의 『1등은 당신처럼 공부하지 않았다』에서 많은 학생의 공통적인 공부 비결이 바로 자기 주도 학습이다. 학교, 학원, 자습(자기 주도 학습) 중 가장 중요한 것이 무엇이냐는 물음에 만점자들은 단 한 명을 제외하고 자습을 꼽았다. 자기 주도 학습이 중요한 까닭은 자신에게 필요한 공부를 할 수 있기 때문이다. 저자는 아무리 학교에서 수준별 수업을 한다고 해도, 학원에서 아무리 뛰어난 일타 강사의 수업을 듣는다고 해도, 결국 공부를 잘하고 못하고의 차이는 자기 주도 학습으로 결정된다고 말한다.

2016 수능 만점자인 정현오 학생은 자기 주도 학습에 대해 다음과 같이 말한다. "공부 잘하는 학생은 자기 상태를 정확하게 알아요. 반면 공부를 못하는 학생은 그냥 남들이 하는 대로 따라 하기만 해요. 자기가 이걸 왜 하고 있는지 잘 모르는 거 같아요. 그냥 남이 하니까, 학원에서 시키니까 하는 거죠. 하지만 1등은 달라요. 자신이 잘하는 게 뭔

지, 부족한 게 뭔지 정확히 알고 있어서 부족한 부분을 집중적으로 공부하죠. 공부할 때도 우선순위를 정해 두고 하는 거예요. 이건 자기 주도 학습을 통해 자기 상태를 정확히 알고 있어서 그런 거예요."

우리 아이들은 자기 주도 공부가 아닌, 부모 주도 공부를 하는 경우가 많다. 자녀 학원을 정해 주고, 입시 정보를 찾아 주던 부모들이 대학생 자녀의 수강 신청까지 대신하는 경우가 늘고 있다. 문제는 자녀의 선택 능력이나 사고력을 키울 기회를 억누른다는 점이다. 배상훈 성균관대 교육학과 교수는 조선일보 '대학까지 이어지는 엄마 주도 학습'에서 "자녀를 지나치게 간섭하면 창의 인재에게 필요한 창의력, 비판적 사고력, 도전정신의 싹을 자르는 셈이 될 수 있다."라고 했다.

내비게이션 안내에 의존하면 편하게 길을 갈 수 있다. 하지만 주변을 제대로 관찰할 수 없다. 갔던 길을 다시 갈 때 또 내비게이션에 의존해야 한다. 나침반과 지도를 가지고 스스로 길을 찾아 나선다면 훨씬 힘들겠지만 잊히지 않는다. 길만 찾는 것이 아니라 주변을 모두 볼 수 있다.

대가를 얻기 위해, 또는 불안에서 벗어나기 위해 억지로 참으면서 하는 공부는 작은 성과는 얻을 수 있겠지만 지속적인 동기를 부여하지 못한다. 또한 부모가 정해 준 목표를 위해, 부모가 정해 준 학원에 다니는 공부만으로는 먼 길을 찾아 나설 수 없다. 질문하고 스스로 해답을 찾아 길을 나설 때 어떤 길에서도 당황하지 않고 멀리 갈 수 있다.

더 이상 부모는 아이들에게 정해진 길을 가도록 요구해서는 안 된다. 앞으로의 세상은 부모들이 살아 온 세상과는 전혀 다르기 때문이다. 유대인은 혁신적인 스타트 업 기업에 가장 많이 도전하는 데 비해, 우리는 공무원이 젊은 세대의 가장 많은 꿈이 되고 있다. 자기 주도성이 그 차이를 낳았다.

뇌를 활성화시켜 사고력을 높인다

인간은 항상 새로운 것을 생각하지 않으면
인형같이 되어 버린다.

- 아인슈타인

뇌 가소성을 좌우하는 시냅스와 미엘린

뇌는 많이 사용할수록 신경세포가 활발하게 연결되어 두뇌 기능이 좋아진다. 하브루타를 위해서는 읽으면서 질문을 만들어야 하고, 논쟁 과정에서 뇌에 저장된 온갖 기억을 분석하고 인출하는 활동을 하게 된다. 이는 뇌를 고도로 활성화시킨다. 생각하는 과정에서 전두엽이 활성화되고, 말하고 듣는 과정에서 운동 기능을 담당하는 소뇌가 자극을 받는다. 그리고 뇌의 다양한 부위가 서로 연결되면서 뇌의 활동이 더 활발해진다. 따라서 질문하고 토론하는 하브루타는 뇌를 활성화시켜 사고력을 높인다.

하브루타는 뇌를 변화시키는 공부 방법이다. 뇌가 변하는 것을 뇌 가소성이라고 한다. 일본 알츠하이머병 연구의 일인자인 도쿄대 대학원 이사우라 쇼이치 교수는 『꿈이 이루어지는 시간 30일』에서 이렇게 말했다. "뇌 구조를 바꾸는 기능을 전문적인 용어로 '뇌 가소성'이라 한다. 독서를 좋아하는 사람의 뇌에는 독서 전용도로가 있고, 피아노를 잘 치는 사람의 뇌에는 피아노 전용도로가 있다. 그리고 그 도로는 약 30일이면 만들 수 있다."

이는 꾸준한 노력과 학습은 뇌를 변화시킨다는 의미이다. 하브루타는 뇌에 긍정적인 자극을 많이 주는 공부 방법이다. 이를 위해 기본적인 뇌 기능에 대한 이해가 필요하다.

뇌는 무게가 1.2~1.5kg으로 전체 몸무게의 2%밖에 되지 않지만, 뇌로 가는 혈류량은 무려 20%에 해당한다. 혈액은 인체 각 부분에 영양소와 함께 산소를 운반한다. 따라서 몸 전체에서 사용하는 산소의 20%를 뇌에서 사용한다. 그만큼 뇌는 신체에서 가장 많은 영양분을 사용하면서 중요한 역할을 한다. 이러한 뇌는 대략 1,000억 개의 뇌세포(뉴런)와 10조~100조 개에 달하는 뇌세포를 연결하는 신경망(시냅스)에 의해 활동한다.

뇌의 기본 세포는 뉴런이며, 뇌 활동에서 가장 중심적인 정보 전달 역할을 한다. 그래서 노벨생리의학상을 받은 프랜시스 크릭은 "인간은 한 다발의 뉴런이다."라고 말했다. 바로 뇌가 인간이기 때문이다. 뉴런은 정보를 받아들이는 수많은 수상돌기(입력 담당), 정보를 처리하는 세포체(중앙처리장치), 다른 뉴런으로 정보를 전달하는 하나의 축삭돌기(출력 담당)로 구성된다.

수상돌기를 통해 정보가 들어오고 세포체를 거쳐 축삭돌기로 나가는 것이다. 축삭돌기에서 나간 정보는 시냅스를 통해 다른 뉴런의 수상돌기에 전달된다. 즉 시냅스는 뉴런과 뉴런을 연결하는 신경망이다. 인간의 고차원적 사고는 뉴런의 개수가 아니라 시냅스의 개수 때문이다. 결국 뇌가 활성화된다는 이야기는 뇌세포 간의 연결망인 시냅스가 늘어난다는 의미이다.

EBS 다큐프라임 「당신의 과학」에서는 정상 쥐와 시냅스에 문제가 생긴 쥐를 수중 미로에 빠뜨린 실험을 했다. 미로에는 작은 섬이 있다. 쥐들은 헤매다가 결국은 섬을 찾는다. 정상 쥐는 실험을 반복하면서 점점 빨리 섬을 찾지만, 시냅스에 문제가 있는 쥐들은 전혀 차이가 없었다. 기억과 학습 능력이 없기 때문이다.

다양한 경험과 자극은 시냅스 연결을 튼튼하게 한다. 뇌 주인이 어떤 경험을 하는가, 어떤 부분에 관심과 흥미를 느끼는가, 어느 분야에 집중하는가에 따라서 연결 활동이 끊임없이 이루어지고 있다. 반면에 자극이 없는 경우 시냅스 연결이 끊어진다. 뉴런의 수는 평생 늘지 않는다. 하지만 새로운 경험이나 자극은 시냅스 연결을 활성화한다. 두

뇌는 유전보다 경험과 도전 등의 환경에 더 많은 영향을 받는다. 시냅스 연결을 촉진하는 최고의 조건은 새로운 것에 대한 호기심과 이에 대한 탐구이다.

시냅스와 더불어 뇌 가소성과 관련된 또 다른 세포는 미엘린이다. 미엘린은 뉴런에서 신호를 보내는 축삭돌기를 둘러싸고 있는 세포이며, 전선의 플라스틱 피복처럼 전달 신호를 보호하는 역할을 한다. 그리고 정보를 더 빠르고 안정적으로 처리하도록 돕는다. 최근 뇌 과학 연구는 집중적으로 사고할 때 미엘린 두께가 두꺼워진다고 밝혔다.

미국 버클리 캘리포니아 대학교의 마리안 다이아몬드(Marian Diamond)가 아인슈타인의 뇌를 연구한 결과 일반인에 비해 미엘린이 2배나 두꺼웠다고 한다. 결국 뇌를 활성화하는 것은 시냅스의 연결이며, 미엘린의 두께이다.

좋은 뇌로 만드는 하브루타

이러한 뇌 과학의 입장에서 하브루타는 가장 효율적인 공부 방법이다. 시각과 청각, 입술과 몸짓 등 신체 여러 기관을 총동원하여 뇌의 활동력을 높인다. 또한 다양한 분야에 대한 질문과 토론으로 유대인의 뇌는 나이가 들어도 발달을 멈추지 않는다. 그들은 가장 좋은 뇌로 태어나지는 않았지만, 뇌가 좋아하는 최고의 환경에서 가장 좋은 뇌로 만들어진다.

질문은 고도의 두뇌 활동이다. 질문은 내가 무엇을 모르는지를 알아야 하며, 문제에 대한 정확한 진단과 해결을 가능하게 한다. 단순히 듣기만 하는 공부는 뇌를 잠자게 하지만, 질문하는 공부는 뇌의 활동을 촉진한다. 뇌 과학자인 모기 겐이치로는 『좋은 질문이 좋은 인생을 만든다』에서 "질문은 최고의 결과를 이끌어 내는 힘이며, 구글을 비롯한 혁신적인 기업들은 스스로 질문을 만들어 묻고 문제를 해결해 낸다."라고 말한다.

유대인은 탈무드 한 구절을 가지고 몇 시간을 토론하기도 한다. 토론과 논쟁하는 동안 뇌는 잠시도 쉬지 않는다. 자기 입장을 상대에게 설득하기 위해 고도의 두뇌 활동이 필요하다. 여러 생각 중에 최선의 생각을 선택하고, 그것을 다시 정리하여 말해야 한다. 또한 상대 주장을 경청하고 이를 분석하여 허점을 찾아내고, 다시 반박해야 한다. 이러한 토론과 논쟁은 뇌 기능을 최대한 끌어올린다. 특히 하브루타는 1:1 토론이다. 들었으면 말해야 하고, 말한 후 다시 경청해야 한다. 이러한 1:1 상호 작용에 의한 질문과 논쟁은 뇌의 시냅스 연결을 활성화하고 미엘린을 두껍게 하는 최고의 환경이다.

집중력을 높인다

끈질긴 집중이야말로 위대한 발견의 기초이다.
나는 특별한 방법을 갖고 있는 것이 아니라
단지 무엇에 대해 오랫동안 깊이 사고할 뿐이다.

-뉴턴

하브루타와 집중력

하브루타는 집중력을 높이고 유지하는 공부 방법이다. 질문을 만들기 위해서는 제대로 이해하기, 비판적으로 바라보기, 다른 각도에서 바라보기 등의 사고력을 요구한다. 이는 상당한 집중력을 요구한다. 실제로 필자의 수업에서 질문 만들기 활동을 할 때면 학생들이 눈을 번뜩이고, 책을 보면서 질문을 만드는 모습을 볼 수 있다.

『천재보다 집중 잘하는 청소년이 성공한다』에서 저자 김동하는 집중력을 높이는 방법으로 질문하기를 적극 권장한다. 주의력은 전두엽에서 일어나는 일이기 때문에 신경망을 활성화하는 뇌 훈련이 필요한데, 가장 좋은 방법이 질문이라는 것이다. 질문은 끊임없이 새로운 생각을 하게 만들어, 사고력과 기억력을 담당하는 뇌의 전두엽을 활성화한다. 또한 관심 분야에 대해서는 더 많은 정보를 접하게 되며, 그 분야의 시냅스 연결은 촘촘해진다. 이런 과정의 반복으로 뇌는 강화되고, 집중과 시냅스 활성화의 선순환이 이루어진다.

설명하기도 집중력을 요구한다. 내가 이해한 내용을 상대에게 설명하기 위해서는 내용뿐만 아니라 전체 맥락 이해와 구조화가 이루어져야 한다. 그리고 직접 설명하는 과정에서 상대에게 집중하게 되고, 어떠한 잡념도 들리지 않는 경우가 많다. 하브루타의 질문하기와 설명하기는 집중력을 유지하고 키우는 가장 좋은 공부법이다.

또한 집중력은 뇌에서 방출되는 신경 전달 물질인 도파민(dopamine) 분비를 촉진한다. 도파민은 뇌의 쾌감을 담당하는 화학 물질로 일이나 공부를 더 즐겁게 할 수 있도록 도와준다. 특히 스스로 도전 과제를 설정하고, 무언가를 성취했을 때 도파민 분비는 많아진다. 집중이 뇌를 활성화하고, 활성화된 뇌는 창의성을 발휘하게 한다. 그리고 집중할 때 생기는 도파민은 공부나 일의 능률을 높인다.

몰입

위대한 성공을 이룬 사람이나 천재의 공통점은 집중력이 강하다는 점이다. 몰입은 집중력이 최대화된 정신 상태이다. 자신이 좋아하거나 원하는 일을 할 때 몰입한다.『몰입』의 저자 황농문 서울대 교수는 몰입이 잠재된 두뇌 능력을 첨예하게 일깨워 능력을 극대화하고, 삶의 만족도를 최고로 끌어올리는 방법이라고 이야기한다.

그는 유대인 교육이야말로 어릴 때부터 사고하는 습관을 갖게 하고, 끊임없이 사고하도록 유도하여 결국에는 몰입적 사고를 할 수 있는 사람으로 만드는 가장 이상적인 교육이라고 평가한다.

황교수는 "질문식 교육은 문제의 풀이 방법을 설명해 주지 않고 아이가 직접 해결하도록 문제를 던져 준다. 문제가 주어지면 아이는 자신이 이전에 배운 모든 지식을 총동원하여 스스로 해결하려고 노력한다. 이때 뇌 속에서 여러 지식들이 끄집어내지고 통합되는 활발한 사고 활동이 일어나며, 이 과정에서 아이는 지식을 습득함과 동시에 사고력을 훈련하게 된다."라고 말한다. 이처럼 질문하는 공부는 집중력을 높여 몰입으로 이끈다.

집중을 돕는 백색소음

하버드 대학교 경제학과 센딜 멀레이너선 교수는『결핍의 경제학』에서 성적과 집중력의 상관관계에 대한 연구를 소개한다. 학교 옆으로 기찻길이 나 있는 미국 코네티컷주의 어느 초등학교 학생을 대상으로 했다.

학교 한쪽 면은 기찻길을 향하고 있어서 잦은 소음에 노출된 상태였고, 그 외에는 소음이 거의 없었다. 연구 결과 기찻길 옆 교실에서 공부하는 6학년 학생들이 조용한 쪽에 있는 다른 6학년 학생들에 비해 학습 수준이 무려 1년이나 뒤처진 것으로 드러났다. 놀라운 것은 소음 차단벽을 설치한 후에는 양쪽의 학습 수준 차이가 나타나지 않은 것이다. 이는 집중력을 흩뜨리는 요인이 성적에 얼마나 큰 영향을 미치는가를 보여 준다.

한편 집중력에 도움을 주는 소음이 있다. 이른바 백색소음으로 적정한 음폭을 유지하며, 귀에 쉽게 익숙해지는 소음을 말한다. 바람 소리, 빗소리, 폭포 소리, 시냇물 소리, 파도 소리, 새소리 등 자연에서 들려오는 소리가 대표적이다. 이 소리들은 우리 주변에서 평상시에 들리므로 특별히 의식되지 않는다. 오히려 반복되는 소리를 통해 집중력을 높이고, 심리적 안정감에 도움을 준다. 카페에서 사람들이 도란도란 대화하는 소리도 백색소음이다. 요즘 조용한 도서관보다 백색소음이 있는 카페에서 공부하는 학생이 점차 늘고 있다.

KISTI(한국과학기술정보연구원)는 인터넷 서비스 「과학 향기」를 통해 다양한 백색소음의 순기능을 밝혔다. 우선, 백색소음을 활용해서 학업 성취도를 개선했다는 연구 결과가 있다. 남녀 중학생을 대상으로 서울 노원구 소재의 한 보습학원에서 영어 단어 암기력 테스트를 실시했다. 일상적인 상태와 백색소음을 들려주었을 때의 상태에 따라 새로운 고교 2학년 수준의 영어 단어를 5분간 암기하도록 했는데, 평소에 비해 학업 성취도가 35.2%나 개선됐다.

또 다른 실험으로 독서실에서 백색소음을 들었을 때 집중력이 개선된 사실을 밝혔다. 책상 위에 백색소음이 발생하는 장치를 부착하고 공부하면서 옆 좌석에 고개를 돌리거나 주변에 관심을 갖는 횟수를 시간 단위로 비교 파악한 결과, 백색소음이 들렸을 때 주변에 관심을 갖는 횟수가 약 22% 정도 줄어든 것으로 조사됐다.

실험 결과를 명확히 입증하기 위해 백색소음을 들려주었을 때의 뇌파반응을 검사했다. 한 의과대학의 도움을 받아 피실험자에게 백색소음을 들려주고 뇌파를 측정했더니, 집중력의 정도를 나타내는 알파파가 크게 증가했다.

하브루타를 하면서 대화하고 토론하는 소리가 바로 백색소음이다. 예시바 대학교 도서관에서 유대인들이 토론하는 장면은 아주 소란스럽다. 그런데 누구도 옆자리 소리에 신경 쓰지 않는다. 오히려 여기저기서 들리는 토론 소리가 백색소음 역할을 하여 더 상대방에게 집중하게 한다.

교실에서 하브루타 수업을 할 때도 마찬가지이다. 질문으로 짝 토론을 하거나 친구에게 설명하기 활동을 할 때 교실은 소란스럽다. 하지만 아이들은 상대방 이야기에 더 경청하며, 자기주장을 더 진지하게 말한다. 한 차례 하브루타가 끝나면 마치 폭풍우가 지나간 듯하지만 아이들의 표정은 더 밝아지고 성취감에 차 있다.

공부친구와 집중력

최근 우리 청소년들은 집중력을 유지하기 힘든 환경에서 공부하고 있다. 각종 SNS와 게임이 집중력을 방해한다. 밤늦게까지 학원에서 보낸 아이들이 잠을 줄여 가며 이불 속에서 스마트폰으로 스트레스를 푸는 실정이다. 공부에 대한 몰입이 아닌 게임 중독에 빠지는 경우가 흔하다. 몰입은 창의력을 낳지만 중독은 자신을 파괴한다. 혼자 하는 공부는 지루하고 자기 절제가 어렵다. 하지만 공부 짝을 만들어 서로 규칙을 정하고, 질문하고 설명하는 하브루타로 공부한다면 자기 조절력도 향상되고, 집중력도 올라갈 것이다.

서울대학교를 졸업한 심규승은 『공부법을 부탁해』에서 나를 강력하게 만드는 전략으로 '친구를 통한 강력한 시너지 효과를 만들라.'고 조언한다. 공부친구는 시간과 계획을 함께 관리하면서 공부라는 레이스에서 자신의 페이스 유지에 도움을 주고받을 수 있다. 무엇보다 누군가가 나와 함께 달리고 있다는 심리적 안정감이 도움을 준다. 힘들 때 함께 공부한 친구는 가장 잘 공감해 줄 수 있는 사람이기 때문에, 서로에게 큰 위안이 되며 긍정적인 시너지가 될 수 있다.

오래 기억하게 한다

말로 설명할 수 없으면 모르는 것이다.

－유대인 격언

기억 메커니즘

하브루타로 공부하면 오래 기억할 수 있다. 말하기 위해서는 이미 알고 있는 지식을 머리에서 정리하고, 뇌의 명령으로 다시 신체 근육을 움직여 입술과 혀를 통해 표현된다. 이 과정에서 뇌를 자극하여 기억력을 높인다. 우리 경험으로도 단순히 읽고 외운 내용은 오래 기억하지 못하지만, 말한 내용은 오래 기억한다. 하브루타는 머리와 몸을 함께 쓰는 활동으로 뇌를 활성화해 기억력 향상에 도움을 준다.

기억력을 높이기 위해서는 다양한 감각을 활용하는 것이 유익하다. EBS「기억력의 비밀」에서는 이와 관련한 실험을 소개한다. 영국 런던 대학교 연구팀은 실험 대상자들에게 시각과 청각을 짝지어 학습시켰다. 빨간색은 '딩동'이라는 소리와 함께, 파란색은 '삑'이라는 소리와 함께 보여 주었다. 학습이 끝난 후 연구팀은 색깔은 보여 주지 않고, 소리만 들려준 후 뇌 영상을 촬영했다. 그 결과 소리만 듣고도 뇌의 시각 피질이 반응했다. 반대로 색깔만 봐도 뇌의 청각 피질이 반응했다. 놀라운 것은 감각이 추가된 만큼 뇌의 활성화되는 영역이 늘어난다는 사실이다.

따라서 오래 기억하려면 눈으로만 보지 말고, 입으로 말하며, 귀로 듣고, 적절한 손동작을 하는 것이 효과적이다. 하브루타는 시각과 청각, 몸짓을 동시에 사용하는 활동이다. 여러 감각을 이용하면 집중력이 높아져 잡념이 들지 않고, 주변 간섭에 영향을 덜 받게 되어 기억력에 도움을 준다.

기억에는 감각 기억, 단기 기억, 장기 기억이 있다. 감각 기억은 오감을 통해 들어온 정보를 짧은 시간 기억하는 것으로, 몇 초 이내에 대부분 사라진다. 스쳐 지나간 사람을 오래 기억하지 못하는 것은 감각 기억이기 때문이다. 감각 기억 중에서 주의(注意)를 기울인 정보는 단기 기억으로 간다. 단기 기억은 컴퓨터의 메모리에 해당하는 기억으로, 전원이 켜져 있을 때는 기억하지만 컴퓨터가 꺼지면 사라진다. 즉 오래지 않아 망각된다. 장기 기억은 하드 디스크에 저장된 내용으로, 언제든지 불러내어 활용할 수 있는 기억이다.

단기 기억을 작업 기억(working memory)이라고도 한다. 왜냐하면 입력된 정보와 장기 기억에서 인출한 정보가 어우러져 문제를 해결하는 기억의 작업대이기 때문이다. 성적이 좋은 아이일수록 작업대가 넓어 다양한 정보와 기억을 활용해서 문제를 해결한다. 하브루타는 생각하고 토론하는 과정에서 수시로 기억을 인출하고 이를 분석하고 정리한다. 바로 끊임없이 작업 기억 능력을 높이는 활동이다.

어떻게 기억되나?

기억의 작업장 해마

기억한 내용을 필요시 적절하게 꺼내어 활용하는 것은 학업 성취와 문제 해결에 꼭 필요한 일이다. 기억력을 좋게 한다는 것은 뇌의 창고를 늘린다는 것을 의미한다. 인간은 감각과 경험, 학습을 통해 끊임없이 정보를 받아들인다. 하지만 모든 정보를 뇌에 기억하는 것은 불가능하기 때문에 끊임없이 망각하며, 취사선택하여 기억한다. 뇌에서 이러한 역할을 하는 것이 해마이다.

해마는 입력되는 많은 정보 중 기억해야 할 내용을 선별하는 역할을 한다. 감각 기관을 통해 들어온 기억은 해마에 단기 저장되었다가, 반복되는 기억이나 강한 기억은 대뇌에 있는 측두엽으로 보내 장기 기억으로 저장한다. 해마는 기억의 작업장이고, 측두엽은 장기 저장 창고인 셈이다. 따라서 해마가 손상되면 새로운 정보를 기억할 수 없게 된다. 연구 결과 해마도 근육처럼 사용할수록 부피가 늘어난다는 것이 입증되었다.

KBS「인간탐구 3부작」'기억'은 런던 대학교의 인지신경학자 맥과이어 교수의 연구 결과를 소개했다. 런던 택시기사 16명의 뇌를 SMRI(핵자기공명화상)로 찍은 결과 기억을 담당하는 해마 부피가 일반인보다 크다는 것이다. 런던은 도로가 복잡하기로 유명하다. 따라서 택시기사는 2만 5,000여 개의 얽혀 있는 길거리와 수많은 건물, 수천 개의 최단 경로, 신호 체계 등을 모두 암기해야 한다. 내비게이션을 사용할 수 없는 전통 때문이다. 런던 택시기사는 복잡한 도로와 건물을 외우기 위해 늘 애쓰는 직업적 특성 때문에 기억 작업장인 해마가 커진 것이다. 이처럼 지속적인 자극으로 뇌에 자극을 주어 기억력을 강화할 수 있다.

반복 횟수가 아니라 반복 주기가 중요

시간이 지나면 대부분의 기억은 잊는다. 심지어 열심히 외웠는데도 기억나지 않는 경우가 많다. 기억력에 대해 연구한 독일 심리학자 에

빙하우스의 연구 결과에 따르면 공부 후 1시간만 지나도 50%를 기억하지 못하며, 하루가 지나면 70%를 잊는다고 한다.

그는 두뇌의 망각으로부터 기억을 유지하는 가장 효과적인 방법은 적절한 반복이라고 주장한다. 학습 후 10분 뒤에 복습하면 하루 동안 기억하게 되고, 그 내용을 하루 뒤에 복습하면 1주일 동안 기억하며, 1주일 후에 복습하면 6개월이 넘는 장기 기억이 가능하다고 한다.

일반적으로 오래 기억하기 위한 전략은 반복이다. 중요한 것은 반복 횟수가 아니라 반복 주기이다. 하루에 여러 번 반복하는 것보다 1주일, 한 달처럼 적절한 주기에 반복하는 것이 오래 기억하는 데 효과적이다. 한국학습코칭센터에서 발간한 『학습 능력 향상을 위한 공부 기술 완시스』에 소개된 최적의 타이밍에 반복하는 주기 복습 방법을 소개한다.

- 1단계 직후 복습 : 수업 후 쉬는 시간에 2분 이내로 짧게 복습한다. 필기 내용이나 중요하다고 표시한 것을 중심으로 빠르게 훑어보며, 주요 내용을 다시 떠올려 본다. 배운 핵심 내용을 1~2줄로 요약해 기록하는 것도 효과적이다.
- 2단계 당일 복습 : 수업을 들은 그날이 지나가기 전에 복습한다. 가장 중요한 복습 타이밍이고, 이것이 제대로 이루어지지 않으면 학습 성과를 내기가 어렵다. 교과서를 정독하고, 노트나 학습지를 정리한다. 이해가 부족한 부분을 보완하고, 필요하다면 참고서나 인강을 활용한다.

- 3단계 주말 복습 : 주말에 1주일 동안 배운 내용을 누적 복습한다. 교과서를 다시 한 번 정독하고, 참고서를 재확인한다. 그리고 1주일 동안 배운 단원의 문제를 풀어 본다. 많은 문제를 풀기보다 한 문제라도 제대로 풀어 중요 개념이나 문제 풀이 과정을 선생님처럼 설명할 수 있도록 한다.
- 4단계 시험 복습 : 시험 기간에 복습한다. 3번의 복습으로 이미 상당 부분 기억에 남아 있는 상태이기 때문에 추가 반복에 걸리는 시간이 짧다. 난이도 높은 문제나 서술형 문제에 대비해야 한다. 지금까지 배운 내용을 암기하며, 심화 문제와 기출 문제를 집중적으로 훈련함으로써 완벽하게 시험에 대비한다.

직후 복습	당일 복습	주말 복습	시험 복습
노트 읽기 요약하기	교재 정독 노트 정리	참고서 확인 문제 풀이	심화 문제 기출 풀이

효과적인 복습 주기

이러한 반복 학습보다 더 효과적인 기억 전략은 '인출 연습'이다. 이는 공부한 내용을 끄집어내는 것이다. 하브루타를 하면서 말로 설명하거나 질문하는 것은 모두 인출 활동이다. 설명하고 질문하는 과정에서 더 자세히 알게 되고, 더 오래 기억하게 된다. 인출 연습은 인지심리학의 가장 효과적인 공부법으로 3장에서 자세히 설명하겠다.

미래 인재 핵심 역량을 키운다

무언가에 미친 사람들, 사회 부적응자, 반항아, 말썽꾼,
사물을 다르게 보는 사람들. 이 사람들이 변화를 만들어.
그들이야말로 인류 진보를 이루지. 어떤 사람들은 그들을 보고
미쳤다고 하지만 나에게는 그들의 천재성이 보여.

ㅡ스티브 잡스

4차 산업혁명을 이끄는 유대인

유대인은 4차 산업혁명을 선도하고 있다. 4차 산업혁명 시대를 처음으로 이슈화한 다보스 포럼의 창시자 클라우스 슈밥, USB 메모리를 개발한 이스라엘 벤처 영웅 도브 모란, 가상화폐 기술의 핵심인 블록체인 기업 오브스의 다니엘 페레드, 세계 최고 자율주행차 기술을 보유한 모빌아이 창업자 암논 샤슈아, 세계 최고 컴퓨터 업체 인텔의 최

고경영자였던 앤디 그로브, 청소년의 꿈을 바꾼 동영상 플랫폼 유튜브의 CEO 수잔 워치스키, 알파고를 통해 인공지능 사업을 선도하면서 전 세계인이 가장 일하고 싶어 하는 구글의 공동 창업자 세르게이 브린과 래리 페이지. 이들은 모두 유대인이다. 그들이 4차 산업혁명을 선도하는 이유는 그들의 교육 방법이 미래 사회에 필요한 핵심 역량을 기르는 데 효과적이기 때문이다.

인공지능, 빅 데이터, 플랫폼, 사물 인터넷, 자율주행차, 공유 경제 등은 4차 산업혁명을 상징하는 용어이다. 4차 산업혁명은 이제까지 인류 삶의 변화와는 근본적으로 다른 모습으로 다가온다. 편리함 등의 긍정적 측면도 있지만, 사라질 직업 등 어두운 그림자도 존재한다.

산업혁명과 4차 산업혁명은 다르다. 산업혁명은 출발 당시 공장과 기계화로 인한 대량 생산으로 노동력 감소를 예상했지만, 오히려 새로운 기술 개발 등으로 산업 인력 수요를 창출하여, 300년 가까이 많은 나라의 경제 성장을 이끌었다. 하지만 미래학자 제레미 리프킨은 『노동의 종말』에서 "인류는 새로운 시대로 접어들고 있으며, 노동자가 없는 경제로 향한 길이 시야에 들어오고 있다."라고 말한다.

4차 산업혁명은 인간의 고유 영역으로 여겼던 분석력과 판단력을 가진 인공지능 기술을 앞세워 앞으로 많은 직업을 사라지게 할 것으로 예상된다. 옥스퍼드 대학교 칼 베네딕트 프레이 교수의 「고용의 미래」라는 논문에 의하면 20년 이내에 현존하는 직업 중 47%가 사라질 것으로 예측한다. 기계는 단순 노동만을 대체했지만, 인공지능은 한

차원 높은 지적 노동까지 대체한다.

예를 들어 미국의 한 법률 서비스 회사는 인공지능 'e-discovery'를 이용해 훨씬 낮은 수수료로 서비스를 제공하는데, 500명분의 일을 더 정확하게 수행할 수 있다고 한다. 실제로 우리나라에서도 법률 인공지능인 알파로(Alpha Law)와 인간 변호사의 대결이 화제가 되었다.(2019. 8.29.) 근로계약서 3종의 오류와 누락, 위법요소를 분석해 대안을 제시하는 것이 과제였다. AI는 판결문 등 외부 데이터를 분석해 6초 만에 검토 결과를 내면서 인간 변호사 팀을 이겼다.

또한 IBM의 인공지능은 의사보다 더 빠르고, 더 정확하게 암을 진단하는 것으로 알려져 있다. 아마존의 전 세계 물류 창고에는 인공지능 키바가 노동자를 대체하고 있으며, 농업에서도 과일을 따고 분류하는 로봇이 등장했다. 스포츠 경기 후 경기 결과와 내용 등의 데이터로 인공지능이 바로 신문 기사를 작성하기도 한다.

심지어 가장 창의성과 감성이 요구되는 창작 영역에도 인공지능이 위력을 발휘하고 있다. 인공지능을 사용하여 그림이나 음악 등 창작물을 만드는 작업이 진행되고 있다. 또한 시나리오와 대본 등 스토리텔링의 영역에도 진출하고 있다. 도요타 자동차는 인공지능이 만든 시나리오를 사용하여 렉서스의 광고를 만들어 공개하기도 했다.

이러한 4차 산업혁명 시대에 살아남기 위해 단순 노동력이나 자본만으로는 어렵다. 혁신적인 아이디어가 필요하다. 대표적인 것이 공유 경제이다. 에어비앤비 서비스는 여행객들이 가정집을 호텔처럼 이용할 수 있도록 했고, 우버(UBER) 같은 차량 공유 서비스는 스마트폰을 통해 차를 타려는 사람과 태우려는 사람을 연결해 준다. 이들은 모두 플랫폼 기술을 통해 오프라인 공간에 온라인 기술을 연결하여 소유 경제를 공유 경제로 바꾸고 있다.

미래 인재에게 필요한 역량

4차 산업혁명 시대에 살아남기 위해 필요한 능력은 바로 역량이다. 김종달 작가는 『미래 인재로 키우는 미국식 자녀교육법』에서 지식과 역량의 차이를 이렇게 말한다. "과거에는 지식을 얼마나 많이, 얼마나 정확하게 기억하는지가 중요했다. 지식은 어떤 대상에 대한 내용 그 자체이다. 하지만 역량은 지식을 바탕으로 어떤 일을 수행할 수 있는 실용적인 기술이다. 지식만 달달 외운 헛똑똑이가 되지 않고, 실제 일을 하려면 지식을 활용하는 역량을 키워야 한다."

미래 인재의 역량에 대해 다양한 기관에서 발표하고 있다. 김종달 작가는 미국교육협회의 7개 역량, 세계경제포럼의 10개 역량, 21세기 역량의 평가와 교육(ATC21S)의 10개 역량, 경제협력개발기구(OECD)의 10개 역량을 분석하여 3가지 역량으로 수렴했다. 그것이 바로 사고력, 자립력, 연합력이다. 그는 인공지능을 넘어 성공하는 길은 3가지 역량을 키우는 데 있다고 주장한다. 하브루타가 이러한 역량을 키우는 데 적합한 공부 방법이다.

미국교육협회	세계경제포럼	ATC21S	OECD
– 읽기	– 복합 문제 해결	– 창의성·혁신	– 언어·기호·텍스트
– 쓰기	– 비판적 사고	– 비판적 사고	– 지식과 정보
– 산술	– 창의성	– 메타인지	– 기술
– 비판적 사고	– 인적 자원 관리	– 정보 리터러시	– 대인관계
– 창의성	– 협업	– 정보통신기술	– 협조
– 협력	– 감성 지능	– 의사소통	– 갈등 관리와 해결
– 의사소통	– 판단·의사결정	– 협업	– 큰 그림 안에서 행동
	– 서비스 지향성	– 세계시민의식	– 계획 및 실천
	– 협상	– 삶과 경력	– 권리, 이익 한계 주장
	– 인지적 유연성	– 책임감	– 성찰성

다양한 기관에서 발표한 미래 인재의 역량

출처 : 『미래 인재로 키우는 미국식 자녀교육법』

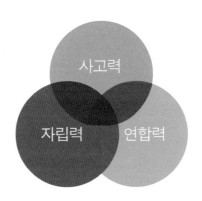

미래 인재의 역량

첫째, 사고력은 합리성, 창의성, 문제 해결력, 비판적 사고력을 포함하는 통합적 문제 해결 역량이다. 사고를 통해 문제를 인식하고, 문제 해결을 위한 다양한 해결안을 마련한다. 그리고 비판적 사고로 해결안을 비교하여 최종 판단을 한다. 이 모든 것을 키우는 것이 질문과 토론이다. 질문을 통해 문제를 인식하고, 토론을 통해 다양한 해결안을 마련하고, 비판적 사고로 최적의 판단을 한다. 하브루타가 창의성과 문제 해결력, 비판적 사고에 도움이 되는 것은 바로 이러한 질문의 힘과 토론과 논쟁을 통한 문제 해결 과정에 있다.

둘째, 자립력은 남에게 의존하지 않고, 자기 주도적으로 공부하고 일을 해결하는 능력이다. 이를 위해서는 자신의 가치를 깨닫는 일이 중요하며, 자신감을 바탕으로 스스로 진로를 개척해야 한다. 우리 교육은 어려서부터 자기 주도성을 상실한 결과 양은 가장 많으면서 질은 가장 떨어지는 공부를 한다. 유대인은 어려서부터 남과 다른 아이로 자라는 것을 중요시하면서 개성을 중시한다. 경제 교육을 중요시하며, 세계에서 가장 창업을 많이 하는 민족이다. 이 모든 유대인 문화가 자립력을 키우는 최고의 조건들이다.

셋째, 연합력은 상대방과 협업하여 문제를 해결하는 능력이다. 협업은 상대방의 존중, 다양성과 개성의 존중에서 비롯한다. 혼자 하는 것보다 함께 질문하고 같이 해결하면 더 많은 것을 찾을 수 있다. 하브루타는 함께하는 공부이다. 두 사람이 2개의 생각을 만드는 것이 아니라 두 사람이 3개 이상의 생각을 창조하는 것이 하브루타이다. 이를 통해 혼자서는 해결할 수 없는 일을 해결하고, 혼자서는 생각할 수 없는 창의적인 생각을 하게 되는 것이다.

미래 사회 핵심 역량 4C

많은 전문가는 미래 사회에 필요한 핵심 역량을 4C로 표현한다. 비판적 사고력(Critical Thinking), 창의력(Creativity), 의사소통 능력(Communication), 협업능력(Collaboration)이 바로 그것이다. 이러한 4C 역량을 키우는데도 하브루타가 효과적인 공부 방법이다. 질문하고 논쟁하는 가운데에 비판적 사고와 창의성을, 경청하고 말하는 과정에서 의사소통 능력을, 함께 문제를 해결하는 과정에서 협업능력을 기를 수 있다.

미래 사회에 필요한 핵심 역량

첫째, 비판적 사고는 주어진 지식을 당연한 것으로 받아들이지 않고, 정확성과 가치를 분석하고 평가하는 능력이다. 이를 위해 지식의 배경과 맥락을 이해하고 타당성을 갖는지에 대해 생각해야 한다. 이러한 비판적 사고를 위해 가장 유용한 것이 질문이다. 주어진 지식의 근거는 무엇인가, 객관적으로 타당한 내용인가, 지식에 편향된 부분은 없는가, 다르게 생각할 수는 없는가 등의 질문은 지식에 대한 일방적 수용을 막는다.

전성수 교수의 『최고의 공부법』에 따르면 현재 세계의 교육 현장에서 가장 핵심적인 교육 목표로 내세우는 것이 비판적 사고력이다. 영국의 옥스퍼드 대학교나 케임브리지 대학교에서 이뤄지는 교수와 학생 간 일대일 '튜토리얼(tutorial:개별 지도시간)'의 핵심도 비판적 사고 함양이다. 1995년 캘리포니아의 68개 대학을 조사한 결과 이중 89%가 교육의 핵심은 '비판적 사고력 기르기'라고 답했다.

데카르트가 진리에 도달하기 위해 사용한 끊임없는 의심인 '방법적 회의'가 바로 비판적 사고를 위한 질문이다. 유대인 부모는 자녀에게 순종을 강요하지 않는다. 부모가 권위를 내세운다면 자녀는 비판적 사고를 할 수 없다. 오히려 끊임없이 질문하고, 스스로 생각하고 적극적으로 말하게 한다. 하브루타는 서로의 생각이 가진 미진한 부분을 보완하여 더 나은 생각에 도달하는 비판적 사고 과정이다.

둘째, 창의력은 익숙한 생각에서 벗어나 다르게 생각하는 것이다. 스티브 잡스는 창의성은 연결이라고 말했다. 지식과 지식을 연결하고, 사물과 사물을 연결할 때 창의성이 생긴다. 아이폰도 없는 것에서 새로운 것을 만든 것이 아니라 기존의 기기에 다른 기기를 연결한 것이다. 즉 전화기에 컴퓨터와 인터넷, 카메라 등을 연결한 것이 바로 21세기 가장 혁신적인 창조물의 하나가 된 것이다.

하브루타는 생각과 생각을 연결하는 공부이다. 질문과 토론을 통해 서로의 생각을 연결한다. 그 연결에서 새로운 생각과 다른 생각이 나온다. 유대인은 하나의 정답이 있는 공부가 아닌, 다양한 해답을 찾는 공부를 한다. 정답은 이미 책과 스마트폰에 모두 들어 있다. 그리고 인공지능에 입력되어 있다. 남과 다른 주체적 생각이 창의성을 낳는다.

한 사람의 창의성은 영감으로 끝날 때가 많다. 하지만 그 영감이 다른 사람과의 연결을 통해 창의성을 낳는다. 노벨상 수상자와 과학자는 가장 창의적인 사람들이다. 타인과 다른 생각, 그리고 타인과의 연결이 이루어지는 하브루타가 가장 많은 노벨상과 가장 세계적인 과학자를 만들었다. 하브루타의 다른 생각, 새로운 생각, 타인과의 연결이 창의성을 낳는다.

셋째, 의사소통 능력은 시로의 생각이 통(通)하는 것이다. 의사소통을 위해 중요한 것이 관계이다. 수직적, 일방적 관계에서는 소통하는 것이 아니라 지시하고 명령한다. 하브루타는 대등한 관계이며, 협력적 관계이다. 이러한 관계에서 자연스럽게 자기 생각을 전달하고, 다른 사람의 의견을 수용한다. 하브루타는 그 자체가 의사소통하는 과정이다.

세계적인 탈무드 학자인 헤츠키 아리엘리는 의사소통 방법으로 다른 사람의 글을 이해하는 '읽기', 다른 사람의 말을 이해하는 '듣기', 타인에게 자기 생각을 말로 표현하는 '말하기', 글로 표현하는 '글쓰기'를 제시한다. 하브루타를 통해 이해하는 과정인 읽기와 듣기 능력이 향상된다. 토론 과정에서는 상대방을 설득하는 말하기 능력이 키워지고,

글쓰기는 질문과 토론 과정에서 충분히 생각이 정리되므로 자연스럽게 이루어진다. 실제로 필자의 수업에서 하브루타 후 논술 과정 중심 평가를 하면 대부분의 학생이 어렵지 않게 논리적인 글을 쓰게 된다.

넷째, 협업 능력은 다양한 분야의 사람들이 함께 일하면서 시너지를 창출하는 것이다. 구글은 신입 사원 선발 핵심 기준이 '협업 능력'이라고 밝혔다. 구글 인사 담당 수석 부사장인 라즐로 복은 "머리가 좋거나 스펙이 뛰어난 사람보다는 문제 해결을 위해 협업할 수 있고, 지적으로도 겸손한 사람을 원한다."라고 말했다. 한국인 최초로 구글 본사에 취업한 이준영 구글 엔지니어링 매니저 역시 "아무리 똑똑해도 팀워크에 문제가 있으면 채용하지 않는다."라고 했다. 마이크로소프트 이소정 이사도 『홀로 성장하는 시대는 끝났다』에서 함께 공부하고, 함께 문제를 해결하고, 함께 성장하는 커뮤니티 리더십의 시대가 왔다고 강조한다.

조우석 전 하버드 대학교 케네디스쿨 입학사정관도 하버드대 면접관은 단순한 성적보다 '타인과 조화하며 조직에 융화할 수 있는가?'를 중시한다고 밝혔다. 미래 사회에선 개인의 역량보다 팀워크를 통해 시너지를 내는 것이 더 중요하기 때문이다. 유대인이 구글과 아이비리그에서 활약하는 힘의 원동력이 바로 협업해서 성과를 내는 하브루타에 있다.

최근 대한상공회의소가 발표한 100대 기업이 뽑은 인재의 첫 번째 조건이 소통과 협력이다. 몇 년 전까지는 도전정신이 1위였다. 하지만 직원은 상사를 '꼰대'로 인식하고, 상사는 직원을 자기 것만 챙기는 '요즘 애들'로 치부하는 경향이 심해지는 등 기업 내 소통 과정에 심각한 문제가 나타나고 있다며, 최근 기업들이 직원 채용 시 소통과 협력을 주요 역량으로 꼽는 이유라고 밝혔다. 대등하고 협력적 관계를 중시하는 하브루타를 통해 소통과 협력 역량을 키울 수 있다.

이처럼 하브루타는 미래 사회에 필요한 역량을 키우기 위한 최고의 공부법이다. 하브루타는 당연한 것에 대해 끊임없이 질문하고 문제를 제기하는 가운데 비판적 사고를 낳고, 생각과 생각이 만나 새로운 생각을 만들어 창의성을 낳는다. 또한 상대와 끊임없이 말하고 경청하는 가운데 의사소통 능력이 향상되고, 상대를 존중하고 함께하는 가운데 협업 능력을 키운다. 아무리 좋은 아이디어와 실력을 갖추어도 서로 소통하고 협동하지 않으면 좋은 성과를 기대할 수 없다. 4차 산업혁명을 선도하는 유대인의 활약이 이를 증명한다.

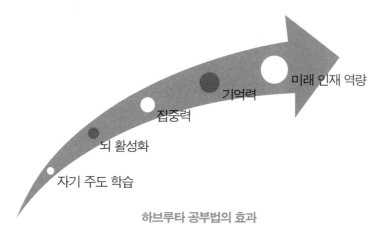

하브루타 공부법의 효과

3장

□

효율적인
공부법

우리나라 청소년은 세계에서 가장 많은 시간을 공부한다. 보건복지부에 따르면 우리 청소년은 하루 평균 7시간 50분을 공부하는데, OECD 청소년(15~24세) 평균 5시간보다 훨씬 길다. 일반계 고등학생이라면 이보다 훨씬 많은 공부를 하고 있을 것이다. 고등학생은 학교에서 7시간의 정규 수업과 2시간 남짓의 학원 수업, 그리고 인터넷 강의를 듣는다. 이것만 해도 10시간이 넘는 공부를 하고 있다.

문제는 이렇게 열심히 공부해도 성적이 오르지 않는 경우가 많다. 많은 학생은 고1 첫 시험 성적과 고3 시험 성적에 큰 변화가 없다. 그 이유는 무엇일까? 그것은 공부법의 문제이다. 이제까지 우리는 대부분 다음 2단계로 공부해 왔다.

첫째, 이해 단계이다. 이해하기 위해 책을 읽고, 강의를 듣는다. 이해가 안 된다는 것은 '모른다'는 말과 같다. 처음에 이해하지 못한 글도 여러 번 읽으면 이해되거나, 교사가 설명해 주면 훨씬 쉽게 이해할 수 있다. 그래서 학생들은 공부 시간의 대부분을 읽기와 듣기로 보낸다.

하지만 이해했다고 바로 기억되는 것은 아니다. 읽거나 들었을 때 이해하더라도 시간이 지나면 대부분 잊는다.

둘째, 암기 단계이다. 외워야 아는 것이다. 그래서 반복해서 암기한다. 하지만 단순 반복 읽기는 암기에 비효율적이다. 여러 실험 결과 연속 반복 읽기 효과는 한 번 읽기와 비교해서 하루만 지나도 차이가 없다. 암기는 지식을 머리에 집어넣는 일이다. 암기한 내용을 막상 필요할 때 끄집어내려면 실패하는 경우가 많다 그래서 시험에서 공부한 내용이 나와도 헷갈리거나, 아는 문제를 실수로 틀리는 경우가 많다.

뇌는 우리가 생각하는 것보다 훨씬 많은 저장 능력을 가지고 있다. 캘리포니아 대학교 심리학자인 마크 R, 로젠스위그(Mark R, rosenzweig) 박사의 연구 결과에 따르면 정상적인 인간이라면 매초 10개의 새로운 정보가 평생 입력된다고 해도 뇌 전체 용량의 반도 채워지지 않는다고 한다. 따라서 올바른 학습 방법과 기억 전략이 있다면 훨씬 효율적인 공부를 할 수 있다.

이번 장에서는 이해와 암기 이후 이를 장기 기억으로 유지하기 위한 인지심리학의 공부법을 소개하고자 한다. 인지심리학은 인간이 어떻게 정보를 인식하고, 지식을 받아들이며, 기억으로 저장하는지 등을 연구한다. 그러므로 인지심리학을 통해 우리는 효율적인 기억과 학습에 대해 과학적인 도움을 받을 수 있다.

인지심리학은 효율적인 공부법으로 입력된 정보를 기억에서 꺼내는 '인출(引出) 연습'을 제시한다. 우리는 공부할 때 이해를 위해 읽기와 듣기를 하고, 이를 바탕으로 암기를 한다. 그런데 이는 모두 입력 활동이다. 입력 위주의 공부로는 막상 시험에서 제대로 인출하지 못해 틀리는 경우가 발생한다. 따라서 공부할 때 인출 활동이 필요하다.

인지심리학은 입력하는 공부를 쉬운 공부법, 인출하는 공부를 힘든 공부법으로 구분하여 설명한다. 쉬운 공부의 대표적인 방법은 반복 읽기이며, 힘든 공부법은 기억에서 꺼내는 인출 연습이다. 인출은 반복 읽기보다 훨씬 뇌를 많이 사용하는 힘든 공부이다. 하지만 쉽게 한 공부는 쉽게 잊히고, 힘들게 한 공부는 오래 기억한다. 따라서 공부할 때 수시로 저장된 지식을 자주 꺼내 사용해야 한다는 것이다. '교육하다 (educate)'의 어원도 밖으로 '끄집어내다'이다.

고등학교 1학년 마지막 기말고사 수학 시험에서 25점으로 꼴찌를 하고, 자신에게 맞는 방법으로 공부한 결과 6개월 만에 1등을 해서 서울대학교에 합격한 박철범은 『하루 공부법』에서 다음과 같은 말을 했다. "암기를 하겠다며 몇 번이고 반복해서 읽기만 하는 친구들이 있었는데, 그들 대부분은 결국에는 암기를 제대로 못했다. 반면에 나는 한 번 내용을 읽고는 손으로 가린 후 방금 봤던 내용을 정확히 떠올려 보는 방식으로 외웠는데, 단순하지만 가장 효과 있는 방법이었다. 암기란 안 보고 떠올리는 것이다. 보면서 아무리 반복해 봐야 암기가 될 리 없다. 가리고 떠올리고, 모르겠으면 다시 보고 또다시 가린 후 떠올려 보고, 이런 작업을 계속 반복하는 것이 암기다. 잘 외워지는 특별한 마술 같은 요령이 있는 것이 아니라, 이런 지루한 과정을 누가 잘 참느냐 하는 것이 암기를 잘하는 열쇠인 것이다." 박철범의 기억에서 떠올리는 공부법이 바로 인지심리학에서 강조하는 인출 연습이다.

일본 뇌과학 전문가 이케가야 유지도 『뇌과학자 아빠의 두뇌 발달 육아법』에서 입력하는 공부보다 출력하는 공부가 효과적이라고 말한다. 그에 따르면 뇌는 들어온 정보를 기억해야 할지 말지 출력의 빈도로 판단한다. 입력은 읽기, 듣기, 외우기이다. 출력은 공부한 내용을 다시 떠올리는 활동으로 설명하기와 기억해서 쓰기이다. 여러 번 읽으면 나중에는 글이 익숙해지기 때문에 쉽게 읽히며 안다고 생각한다. 하지만 안다고 생각하는 심리가 학습을 방해한다. 기분은 뿌듯할지 모르나, 뇌는 더 이상 기억을 위해 노력할 필요가 없다고 판단하기 때문이다.

하브루타는 인출하는 공부이다. 텍스트를 바탕으로 질문을 만들고, 자기 생각을 말로 설명하는 것이 바로 인출이다. 유대인 공부법인 하브루타가 우리나라에서는 전성수 교수에 의해 수업법으로 널리 알려지게 되었다. 우리 학교 현장에서 가장 많이 활용되는 하브루타 수업이 질문 하브루타와 친구 가르치기이다. 이는 배운 내용에서 질문을 만들어 토론하고, 공부한 내용을 친구에게 설명하는 것이다. 유대인의 3,500년 된 하브루타가 현대 뇌 과학에 바탕한 가장 효율적인 공부법과 정확히 일치하는 것이다.

효율적인 공부 절차

아인슈타인은 "같은 방법을 반복하면서 다른 결과를 기대하는 사람은 정신병자다."라고 말했다. 이제까지 하던 방법으로 계속 공부하면 성적 유지는 가능하지만 오르지는 않는다. 공부는 노력과 효율의 문제이다. 성적 향상을 위해 노력은 기본이지만, 노력만으로 성적이 오르지는 않는다. 학생들을 지도하다 보면 정말 열심히 공부하는데 성적이 오르지 않는 학생을 볼 때가 있다. 또한 비슷한 노력을 하는데도 성적이 높은 경우도 있다. 물론 환경과 유전자도 완전히 배제할 수는 없다. 하지만 이는 효율적인 공부법으로 어느 정도 극복할 수 있다.

01

쉬운 공부법

부모들은 대부분 3가지 착각을 한다.
빠른 길이 좋다고 생각한다.
쉬운 길이 좋다고 생각한다.
실패 없는 길이 좋다고 생각한다.

－리사 손, 『메타인지 학습법』

반복 읽기의 문제점

반복 학습은 매우 오래된 공부법으로 보편적인 기억 전략이다. 시험에 필요한 모든 내용을 한 번 읽고 공부한 것으로 시험을 잘 칠 수는 없기 때문이다. 하지만 단순 반복 학습은 반복 횟수가 증가할수록 내용에 익숙해지면서 자신이 알고 있다고 스스로 착각하게 한다. 심지어 반복하면서도 잘 모르는 부분을 그냥 지나치는 경우도 많다. 그

부분은 반복 횟수와 상관없이 계속 모르는 것이다.

헨리 뢰디거 등 인지심리학자들은 『어떻게 공부할 것인가』에서 단순 반복 읽기가 노력에 비해 비효율적인 공부법이라고 지적한다. 반복 읽기는 시간이 오래 걸리고, 배운 내용이 기억에 오래 남지 않으며, 내용에 익숙해짐에 따라 완전히 통달했다는 느낌이 들면서 자기도 모르게 일종의 자기기만에 빠지게 된다는 것이다.

이로 인해 자신이 실제로 무엇을 익혔는지 잘못 판단할 수 있고, 나중에 그 내용이 기억날 것이라는 잘못된 믿음을 갖게 된다. 반복 읽기에 몰두하는 동안은 상당히 집중한 것 같은 느낌이 들지만, 학습에 소요된 시간은 숙달의 정도와 관계가 없다.

교재 반복 읽기의 제한된 효과와 관련한 칼렌더(Callender)와 맥다니엘(McDaniel)의 연구에 따르면, 연속해서 반복 읽기는 학습 효과가 거의 없다고 한다. 연구팀은 학생을 두 집단으로 나누어 A팀은 교재를 읽은 후 즉시 다시 읽었고, B팀은 한 번만 읽었다. 읽기가 끝난 후 바로 시험을 보았을 때는 2번 읽은 집단의 성적이 조금 더 높았다. 하지만 일정한 시간이 지난 후 다시 시험을 보자 두 집단의 성적 차이는 없었다. 따라서 학습 내용을 처음 읽은 후 시간 간격을 두고 다시 읽는 것은 괜찮으나, 연속적인 반복 읽기는 기억에 도움이 되지 않는다.

인지심리학 박사인 김미현의 『14세까지 공부하는 뇌를 만들어라』에 소개된 토론토 대학교의 엔델 털빙(Endel Tulving)교수, 영국의 심리학자 앨런 배들리(Alan Baddeley) 등도 실험을 통해 간격을 두지 않고 반복해서 읽는 것과, 의미를 생각하지 않고 기계적으로 반복해서 읽는 것은 외우는 데 큰 도움이 안 된다는 것을 밝혀 냈다. 일반 상식과는 달리 연거푸 반복해서 읽는 것은 효과가 낮다는 것이다.

반복 읽기를 선호하는 이유

연속해서 반복 읽기의 효과가 낮음에도 불구하고 학생들이 선호하는 이유는 무엇일까? 첫째, 가장 쉬운 공부 방법이기 때문이다. 공부해야 할 분량을 정해 놓고 공부하는 학생보다 시간을 정해 놓고 공부하는 학생이 많다. 정해진 시간 내에 가장 쉽게 공부하는 방법이 듣기와 반복 읽기이다. 둘째, 연속해서 읽은 내용을 알고 있다는 착각에 빠지게 한다. 반복 읽기는 내용에 익숙한 생각이 들면서 스스로 알고 있다고 생각하게 한다. 하지만 정작 시험을 칠 때는 기억할 수 없는 경우가 많다.

읽기를 제외한 공부는 불가능하다. 하지만 읽기가 공부 방법의 중심이 되어서는 안 된다. 읽기는 어디까지나 정보를 처음 접하는 단계이며, 입력의 시작 단계이다. 읽기만으로는 장기 기억으로 저장하기는 어렵다. 읽기는 다음 장에 설명할 인출을 위한 준비 단계로 활용해야 한다.

한편 설명을 듣는 공부도 인지심리학의 관점에서는 효율성이 낮다. 강의식 수업에서 학생들은 교사의 설명을 계속 듣는다. 학생 스스로 생각을 하거나, 유추하거나, 배운 내용을 회상해서 기억할 기회가 거의 없다. 교사의 설명은 공부할 내용을 선생님이 대신 읽어 주는 것과 같다. 스스로 읽으면 이해되지 않는 부분은 천천히 읽는다. 하지만 교사의 설명을 듣다가 이해되지 않더라도 수업은 계속 진행된다.

필자의 어릴 때 숙제 중에 '빽빽이'라는 게 있었다. 암기할 내용을 백지에 반복해서 빽빽하게 쓰면서 외우는 공부법이다. 하지만 외워야 할 단어의 의미와 철자를 의식하지 않은 채 반복해서 쓴다면 팔 운동을 하는 것이지 뇌 운동을 하는 것이 아니다. 의미를 생각하면서 집중하지 않으면 아무리 반복을 해도 제대로 외워지지 않는다.

물론 반복 학습 자체를 부정하는 것은 아니다. 기억을 위해 공부한 내용을 복습하고 반복하는 것은 모든 공부의 필수 요소이다. 하지만 공부는 시간과 노력의 문제이기도 하지만, 효율의 문제이기도 하다. 비슷한 시간과 비슷한 노력에도 불구하고 결과가 다른 것을 쉽게 볼 수 있다. 인지심리학의 관심 분야가 바로 그것이다. 다음 장에서 인지심리학의 연구 결과를 바탕으로 단순 반복보다 효율적이며, 오래 기억하게 하는 공부법을 제시하고자 한다.

힘든 공부법

| 인출 연습 |

현재의 수준을 넘어 진정한 전문가의 수준으로 올라가고자 한다면
익스트림 스포츠를 배울 때처럼 실패와 분투의 과정이 반드시 필요하다.
실패를 거듭하며 어렵게 익힌 지식과 기술은 오래 기억에 남고
필요할 때 쉽게 꺼내 쓸 수 있다.

- 헨리 뢰디거, 『어떻게 공부할 것인가』

바람직한 어려움

인지심리학자인 UCLA 로버트 비욕 교수는 EBS 「시험을 시험하다」
에서 "효과적으로 학습하고 더 높은 점수를 받고 싶다면 더 많이 출력
해야 한다. 같은 걸 반복해서 읽는 데 시간을 보내지 마라. 도서관에
앉아서 일종의 녹음기처럼 자료를 살펴보는 것은 인간의 학습 기억이
작동하는 방식이 아니다."라고 말한다.

인지심리학에서는 인출할 때 겪는 어려움이 오히려 학습에 도움이 되며, 이것을 '바람직한 어려움'이라고 부른다. 비욕 교수는 "바람직한 어려움은 배움의 과정에서 학습자에게 도전이 될 만한 것이 필요하다는 것이다. 뭔가가 어렵게 느껴지기 시작하면 학습을 향상시킬 수 있는 새로운 무언가를 해야 한다는 것을 의미한다. 너무 쉽게 느껴진다면 아무것도 배울 수 없다."라고 말한다.

어려움이 학습에 도움이 된다는 것을 뇌의 변화로 확인할 수 있다. EBS 팀은 학습하는 동안 뇌의 활동과 산소 포화도를 측정하는 fNIRS 검사를 통해 뇌 상태를 관찰했다. 같은 내용을 한 그룹은 반복 읽기 방식으로, 다른 그룹은 중요한 내용을 공백으로 제시하여 인출하게 했다. 반복 읽기 그룹에서는 뇌의 적극적인 활동과 활성화를 나타내는 붉은색이 거의 없지만, 인출 활동 그룹에서는 상대적으로 붉은색이 더 많이 나타났다.

실험을 한 이승환 인제대 정신건강의학과 교수는 "너무 편안한 상태에서 긴장 상태가 없으면 학습이 일어나지 않는다. 실험을 통해 반복 읽기보다 인출했을 때 스트레스나 긴장도가 굉장히 올라가는 것으로 관찰된다. 그런 것이 얼마나 적절한 수준으로 유지될 수 있느냐가 학습 능력에서 굉장히 중요한 요인이 된다."라고 말한다.

인출 연습의 장점은 2가지이다. 첫째, 자신이 무엇을 알고 무엇을 모르는지, 집중적으로 공부해야 할 취약한 부분이 어디인지 알려 준다. 둘째, 배운 것을 회상함으로써 기억이 탄탄해지고, 기존 지식과의 연관성이 강화되어 나중에 회상하기 쉬워진다. 따라서 인출은 망각을 막아 준다. 효과적인 인출 연습으로 설명하기, 기억해서 쓰기, 테스트하기, 질문하기 등이 있다.

설명하기

강성태는 『66일 공부법』에서 다음과 같이 '설명하기'의 중요성을 강조한다. "가능하면 답을 알게 된 그 자리에서 설명해 보라. 누군가에게 실제로 설명해 봐도 좋고, 자기 자신에게 설명해 봐도 좋다. 방금 전까지 내가 질문자였지만 이젠 내가 답변자가 되어 보자. 질문한 내용을 확실히 이해했는지를 파악할 수 있고 기억이 더 오래, 정확히 남는다." 인지심리학자 아주대학교 김경일 교수는 『십대를 위한 공부사전』에서 '설명하기'의 장점을 2가지로 정리한다.

첫째, 무언가를 익힐 때보다 익힌 것을 말로 설명할 때, 더 잘 기억하고 이해도도 높아진다. 공부를 입력, 설명을 출력에 비유한다면 출력이 입력보다 8배 정도 높은 학습 효과를 가진다. 단순히 지식을 머리에 입력만 하는 것보다 친구들에게 설명함으로써 출력까지 한다면 당연히 학습 효과가 더 크다.

둘째, 설명은 '내가 안다고 생각했지만, 사실은 모르고 있다는 사실'을 알게 해 준다. 열심히 공부해서 공부한 것의 대부분을 이해했다고 생각했지만, 막상 친구에게 설명하면서 막히는 부분이 있다면 정확하게 이해하지 못했음을 의미한다. 바로 이 사실을 아는 것이 중요하다. 즉 자신이 뭘 모르고 있었는지도 몰랐는데 어떤 부분을 모른다는 사실을 알게 되었고, 그 부분을 다시 공부해야 한다는 필요성을 느끼고, 그 부분에 대해 더 정확하게 알 수 있는 기회를 얻은 셈이다.

인지심리학자 리사 손 교수는 『메타인지 학습법』에서 설명하기의 효과에 대한 실험을 소개한다. 실험자는 피험자인 학생들을 A, B로 나눈 후 두 집단 모두에게 공통된 하나의 글을 제시했다. 실험자는 A 집단에게는 일정 시간이 지나면 제시문과 관련된 시험을 볼 것이라 말하고, B 집단에게는 일정 시간이 지나면 제시문을 다른 학생에게 가르쳐야 하니 이를 준비하라고 일렀다.

일정 시간이 지난 후 실험자는 두 집단 모두를 대상으로 시험을 치렀다. 단, 시험에 앞서 B집단의 학생들에겐 "여러분이 가르쳐야 할 사람은 사정이 생겨서 오지 못하게 되었으니 그 대신 시험을 보겠다."라고 양해를 구했다. 결과적으로 실험에 참가한 학생들은 같은 시간 동안 시험을 준비했고, 같은 내용의 시험을 보게 된 것이다. 과연 어느 집단의 시험 점수가 높게 나왔을까?

예상했겠지만 B 집단의 성적이 훨씬 더 좋은 것으로 나타났다. 여기서 주목할 점은 실제로 타인을 가르치지 않고 그저 가르칠 준비를 한 것만으로도 점수가 높게 나왔다는 점이다. 그 이유에 대해 실험자는

'학생'의 관점이 아닌 '선생님'의 관점으로 자신을 바라본 게 주된 이유라고 말한다. 자신을 선생님이라고 생각한 순간부터 학생들은 학습에서 의미 있는 부분을 파악하고, 각 내용의 중요성을 정리한 후 이를 어떻게 연결할 것인지를 생각하게 된다.

이러한 설명하기 효과는 필자의 수업에서 '친구 가르치기'를 한 학생의 소감을 통해서도 입증된다. "친구를 가르치기 전에 복습하는 동안 가르쳐야 한다는 책임감 때문에 더 집중해서 공부했다. 친구에게 설명하면서 머릿속에만 돌아다니던 내용이 정리되면서 명확해졌다. 미처 설명하지 못한 부분은 마치고 다시 공부하면서 제대로 알게 되었다." 바로 관점의 차이가 책임감과 집중력을 만들어서 더 잘 기억하게 한 것이다.

기억해서 쓰기

강성태가 MBC 「공부의 제왕」에서 공부 멘토로 참여한 적이 있다. 방송에서 3명의 성적 부진아를 대상으로 두 달 동안 성적을 올리는 프로젝트를 했다. 강성태가 이때 쓴 방법은 매일 집에 오자마자 백지에 그날 학교에서 배운 내용을 교시별로 기억해서 쓰게 한 것이다. 효과는 놀라웠다. 3명 모두 모의고사 총점이 무려 50점 이상씩 올랐다. 그중 학교에서 사고를 쳐 퇴학 직전이었던 학생은 국어 성적이 20점대였는데 78점으로 오르기도 했다.

이 학생들이 단기간에 성적이 오른 이유는 간단하다. 처음에는 백지에 아무 내용도 적지 못했으나, 점차 적기 위해 수업에 집중했기 때문이다. 그리고 배운 내용을 잊지 않기 위해 수업 시간에 수시로 곱씹었기 때문이다. 점차 많은 내용을 적을 수 있게 되었고, 공부에 대한 자신감을 갖게 된 것이 성적 향상으로 이어졌다.

KBS「시사 기획 창」 '전교 1등은 알고 있는 공부에 대한 공부' 편에서는 실험을 통해 '기억해서 쓰기'의 효과를 입증했다. 참가자들에게 과학 지문을 나눠 준 후 7분 동안 외우도록 했다. 북태평양에 사는 해달이라는 동물에 대한 내용이다. 두 그룹에게 같은 지문을 나눠 준 후 A그룹은 '7분간 외우기 – 5분 휴식 – 다시 외우기'를 했다. 단순 반복 학습이다. B그룹은 '7분간 외우기 – 5분 휴식 – 기억해서 쓰기'를 했다. 그리고 5분 뒤 시험을 쳤다. A그룹은 평균 61점, B그룹은 55점이 나왔다. 중요한 것은 예고하지 않고 1주일 뒤에 다시 시험을 쳤다. 그 결과 A그룹은 45점, B그룹은 53점이 나왔다.

반복 학습을 한 A그룹은 큰 점수의 하락이 있었지만, 기억해서 쓰기 활동을 한 B그룹은 거의 점수 변화가 없었다. 이는 단순 반복 학습보다 '기억해서 쓰기' 활동이 훨씬 효과적인 공부 방법이라는 점을 말한다.

기억해서 쓰기는 다음과 같은 효과가 있다. 첫째, 기억에서 꺼내는 인출 연습을 통해 오래 기억하는 데 효과적이다. 둘째, 백지에 쓰면서 내용이 구조화되고 정리되어 흐름이 명료해진다. 셋째, 기억하지 못한 내용을 명확히 알 수 있다. 이는 제대로 이해하지 못한 부분이다. 이를 다시 복습한다. 결국 공부는 모르는 부분을 줄여 나가는 과정이다.

테스트하기

공부 내용에 대한 테스트는 성적에 도움을 준다. 테스트는 자신이 무엇을 배웠는지 확인하게 하고, 틀린 문제를 통해서 모르는 내용을 다시 공부하게 한다. 문제를 풀기 위해 최대한 집중하고, 공부한 내용을 떠올리려고 노력한다. 중요한 시험을 치기 전에 문제집이나 모의고사를 치는 것도 그런 이유이다.

단순한 반복 학습보다 시험을 통한 인출 연습이 훨씬 탄탄한 학습으로 이어지는데 이것을 시험 효과라고 한다. 『어떻게 공부할 것인가』에서는 실험 결과 수업 시간에 한 번만 시험을 보아도 기말 시험 점수기 향상될 수 있으며, 학습자의 이득은 시험의 횟수에 따라 증가한다고 한다. 공부를 한 뒤 시험을 보지 않고 시간이 지나면 계속해서 망각이 일어났지만, 일단 시험을 보고 나면 망각이 잘 일어나지 않았다. 공부 직후에 시험은 기억을 오래 붙드는 역할을 하는 것이다.

교과서의 탐구 문제는 셀프 테스트의 좋은 재료이다. 금방 공부한 내용을 현실과 연결하기 때문이다. 그 밖에도 공부한 후 문제집을 풀어 보거나, 친구와 문제를 내고 서로 묻고 답하는 것이 효과적이다.

인지심리학자 리사 손 교수는 수업에서 수시로 학생을 테스트한다. 배운 내용을 설명하게 하고, 빈 칠판에 자신이 아는 내용을 적게 한다. 그녀는 학생들이 얼마나 알고 있는가를 확인할 기회를 계속 주어야 한다고 강조한다.

행정학을 전공했지만, 문과 공부에 싫증을 느껴 기술고시(5급)에 응시해서, 공부한 지 100일 만에 합격한 김웅준은『산만한 사람을 위한 공부법』에서 다음과 말한다. "꺼내 봐라, 인출해 봐라, 출력해 봐라, 그리고 스스로 테스트해 봐라. 교과서를 빠짐없이 읽었다고 해서 내용의 중요성이나 적용 가능성, 기존 지식과의 연관성까지 완전히 파악하진 못한다. 게다가 같은 내용을 보고도 남들과 다르게 의미 부여를 하기도 한다. 읽기만 해서는 안 되고 끊임없이 테스트해야 한다."

질문하기

질문하기도 인출 연습이다. 질문하기 위해서는 공부한 내용을 이해하고 분석한 후 끄집어내야 하기 때문이다. 헨리 뢰디거 교수도『어떻게 공부할 것인가』에서 효율적인 기억 꺼내기 방법으로 '질문하기'의 중요성을 강조한다.

교재나 필기한 내용을 읽을 때 주기적으로 멈추고 내용을 보지 않고서 자신에게 질문해 보라고 권한다. '핵심 내용이 무엇인가?', '생소한 용어나 내용은 무엇인가?', '그것을 어떻게 정의할 것인가?', '내가 이미 아는 내용과 어떤 연관성이 있는가?'를 질문하라는 것이다. 또한 질문하고 답을 적어 보는 것 역시 좋은 공부 방법으로 추천하고 있다.

그는 이렇게 배운 것을 검토하고 혼자서 질문해 보는 학습 전략을 반추(反芻, reflection)라고 말한다. 원래 반추는 소나 염소 등이 한 번 삼킨 먹이를 게워 내어 되새기는 일을 가리킨다. 여기서는 수업이나 공부를 마치고 몇 분 동안 돌이켜 보면서 스스로에게 질문을 던지는 것이다. '어떤 예가 있을까?', '어떤 부분이 잘되었는가?', '더 잘될 수 있었던 것은 무엇인가?', '그 일로 어떤 지식과 경험이 떠올랐는가?', '더 좋은 결과를 얻으려면 다음에는 어떤 전략을 사용해야 하는가?' 등의 질문은 배운 것에 여러 겹의 지식을 더하고, 기술을 강화하는 정교화와 인출 연습의 조합이라고 말한다.

| 설명하기 | 기억해서 쓰기 | 테스트 | 질문하기 |

인출하는 공부법

결국 인지심리학에서 제시하는 효율적인 공부 방법은 단순 반복이 아니라 공부한 후 기억에서 꺼내는 인출 연습이다. 설명하고, 기억해서 쓰고, 테스트하며, 질문하는 노력은 머릿속에 집어넣었던 지식을 다시 머리에서 끄집어내는 공부이다. 이는 읽고, 듣고, 외우는 공부보다 더 큰 노력을 요구한다. 'No pain, No gain.(고통이 없으면 얻는 것도 없다.)'이라는 격언이 있다. 뇌가 편하면 제대로 된 공부가 아니다. 힘들게 공부할수록 잊어버리는 것도 힘들다.

2013년 수능 만점자인 서준호도 『1등은 당신처럼 공부하지 않았다』에서 인출하는 공부의 중요성을 강조한다. 그는 자신이 제대로 외웠는지 점검하려면 자신이 배운 걸 누군가한테 가르쳐 주는 방법이 가장 확실하다고 말했다. "내가 알고 있는 걸 남에게 설명하듯이 말할 수 있을 정도가 되거나, 노트에 글로 써 볼 수 있을 정도가 되면 정말 이해한 거고 또 외운 거예요. 설명할 수 있다는 것 자체가 내가 그걸 확실히 알고 있다는 뜻이거든요."

인출 공부를 할 때는 목적이 뚜렷해진다. 정보를 다시 끄집어내어 말하거나 적어야 한다는 압박감에 집중력이 높아지고 내용을 구조화하게 된다. 제대로 이해하지 못한 부분은 넘어갈 수도 없다. 정확히 이해하지 못하면 인출할 수 없기 때문이다. 그럼에도 인출 공부를 하지 않는 이유는 틀리는 것을 두려워하기 때문이다. 하지만 틀리는 것은 공부의 중요한 과정이다. 공부는 제대로 모르는 것을 바로 알아 가는 것이기 때문이다.

메타인지 높이기

기억력보다 중요한 메타인지

인지심리학의 효율적인 공부법인 인출 연습의 가장 큰 효과는 내가 아는 것과 모르는 것을 구분해서, 몰랐던 부분을 다시 확인해서 알아 가는 것이다. 이는 공부해야 하는 학생 입장에서는 무엇보다 중요한 능력이다. 이처럼 자신이 아는 것과 모르는 것을 스스로 아는 것을 메타인지라고 한다.

메타인지(Metacognition)는 한 단계 고차원을 의미하는 '메타'와 어떤 사실을 안다는 뜻의 '인지'가 합쳐진 용어이다. 따라서 자신이 어떤 사실을 알고 있는지, 또는 모르는지를 스스로 아는 자기 성찰 능력을 말한다. 이는 자신을 바라보는 또 다른 거울이다. 자신의 외모를 바라보는 거울이 아니라 인지를 바라보는 거울인 셈이다.

1970년대에 메타인지라는 단어를 처음 사용한 발달심리학자인 존 플라벨(J. H. Flavell)은 다음과 같이 설명했다. "메타인지는 한 인간 고유의 인지 과정뿐만 아니라 그와 관련된 것들에 대한 지식을 가리킨다. 내가 A를 학습할 때 B를 학습할 때보다 더 어려움을 느낀다는 걸 알아챘다거나, C를 사실로 받아들이기 전에 다시 한 번 확인해 봐야겠다는 생각이 번뜩 떠오른다면, 바로 그때 나는 메타인지에 맞닥뜨리는 것이다."

메타인지가 우리나라에서 주목받게 된 것은 EBS 교육대기획 「학교란 무엇인가」 '0.1%의 비밀' 방영 이후이다. 방송에서 학업 성취도와 기억력의 상관관계에 대한 실험을 했다. 일반 학생과 0.1% 학생의 두 집단으로 나눈 후, 각각 서로 연관 없는 단어 25개를 제시했다. 그리고 각 단어당 3초씩 75초 동안 보여 주면서 단어를 기억하게 했다. 그 후 본인이 기억하고 있다고 생각하는 단어의 개수를 적게 한 후, 3분 동안 자신이 기억한 단어를 적게 했다.

이 실험의 관심은 몇 개를 기억했느냐가 아니라, 자신이 기억한 내용과 기억하고 있다고 예측한 내용의 일치 여부에 있다. 실험 결과 두 집단이 기억한 개수는 거의 차이가 없었다. 하지만 실제로 기억한 내용과 예측에는 큰 차이가 있었다. 일반 학생들은 예측한 숫자와 기억한 숫자에 많은 차이가 있었다.

그에 비해 0.1%의 학생들은 대부분 예측한 숫자와 기억한 숫자가 일치했다. 두 집단의 차이는 기억력 차이가 아니라 자신이 알고 있는 것과 모르는 것을 정확히 알고 있느냐의 차이였다. 메타인지 능력의 차이가 성적의 차이를 낳은 것이다.

하브루타 전문가인 박종신 목사는 『메타인지와 예수님의 하브루타』에서 다음과 같이 메타인지를 정의한다.

- 자신이 아는 것과 모르는 것을 인지하는 능력
- 자신이 아는 것과 안다고 착각하는 것을 파악하는 능력
- 자신이 모르는 것을 인지하여 보충하는 능력
- 자신이 아는 것과 잘못 아는 것을 객관적으로 파악하는 능력
- 자신의 판단이 오류일 수도 있다는 것을 파악하는 능력
- 자신이 잘할 수 있는 것과 잘할 수 없는 것을 인지하는 능력
- 자신이 정한 목표가 이루어질 것인지 아닌지를 인지하는 능력
- 자신이 해야 할 것과 하지 말아야 할 것을 인지하는 능력
- 무엇이 중요한지 덜 중요한지를 파악하는 능력

공부는 모르는 것을 알아가는 과정이다. 따라서 무엇을 모르는 것인가를 아는 것이 중요하다. 이것이 바로 메타인지이다. 소크라테스가

"너 자신을 알라."라고 말한 것도 자신이 모르고 있다는 사실을 깨달아야 참다운 앎으로 나아갈 수 있다는 말이다. 당시 소피스트는 아테네 청년을 대상으로 변론술을 가르쳤다.

하지만 소크라테스는 그들에게 산파술로 질문하며, 결국 그들의 무지를 드러냈다. 소크라테스는 "나는 내가 아무것도 모른다는 사실을 안다."라는 말로 자신들이 모든 것을 알고 있다고 착각하고, 젊은이들에게 돈을 받고 지식을 팔았던 소피스트들을 일깨웠던 것이다.

공자가 『논어』에서 '아는 것을 안다고 하고, 모르는 것을 모른다고 하는 것이 곧 아는 것(知之爲知之, 不知爲不知, 是知也)'이라고 말한 것도 메타인지를 설명하고 있다. 모른다는 사실을 아는 '무지(無知)의 지(知)'가 바로 진정한 앎의 출발점이라는 뜻이다. 유발 하라리도 『사피엔스』에서 과학 혁명은 무지의 발견이라고 말한다.

이처럼 메타인지라는 단어를 사용하지는 않았지만, 인류의 스승과 석학들은 한결같이 진정한 앎은 아는 것과 모르는 것에 대한 명확한 이해에서 출발한다고 말한다.

자기 주도력을 높이는 메타인지

메타인지가 높은 학생은 자신이 무엇을 모르는가를 명확히 안다. 따라서 공부를 통해 알아간다. 하지만 메타인지가 낮은 학생은 무엇을 아는지 모르는지 정확히 확인하지 않고 진도만 나간다. 시험을 친 후 일반 학생들은 자신이 예상한 점수보다 실제 점수가 낮은 경우가 많다. 안다고 생각했지만 제대로 몰랐기 때문이다. 그에 비해 상위 학생들은 거의 자신의 점수를 정확히 예측한다. 메타인지 능력이 뛰어나기 때문이다.

자기 주도 학습의 권위자인 송인섭 숙명여대 교육심리학과 교수는 우등생과 열등생의 메타인지를 비교했다. 우등생은 공부하면서 끊임없이 계획과 실행, 조정, 평가의 과정을 거치면서 자기만의 학습 방법을 찾고 발전시켜 간다. 반면 열등생은 모르는 것도 그냥 넘어가 버리고 문제에 부딪쳤을 때도 문제의 원인을 찾기보다는 즉흥적으로 해결한다. 이렇게 한 해 두 해가 지나면 자신이 무엇을 모르는지조차 알 수 없는 상태가 된다.

메타인지가 높을수록 자기 효능감이 강하고, 이는 자기 주도 학습으로 이어진다. 캐나다 교육심리학자 반두라(Bandura)에 의하면 자기 효능감은 '어떤 과제나 목표를 성공적으로 수행할 수 있다는 자기 능력에 대한 스스로의 평가'이다. 따라서 자기 효능감이 높을수록 학업에 더 적극적이고, 자기 통제가 강하다.

이러한 자기 효능감은 메타인지를 통해 높아질 수 있다. 메타인지를 통해 자기 능력에 대한 판단을 할 수 있기 때문이다. 결국 메타인지는 자기 효능감을 높여 주고, 이는 자기 주도적 학습을 강화해서 높은 학업 성취와 연결된다.

메타인지를 높이는 법

네덜란드 라이덴 대학교 베엔만 교수는 KBS「시사기획 창」'전교 1 등은 알고 있는 공부에 대한 공부'에서 IQ가 성적의 25%만 설명해 주지만, 메타인지는 성적의 40%를 설명한다고 말한다. 그는 아이들에게 메타인지 기술을 익히게 하는 것은 평생 들고 다닐 수 있는 연장통을 선물해 주는 것과 같다고 말한다. 메타인지는 공부를 위한 연장통인 것이다. 그런데 IQ는 훈련으로 나아지기 어렵지만, 메타인지는 적절한 사고 훈련이나 학습 습관으로 향상시킬 수 있다. 메타인지를 높이는 방법은 다음과 같다.

첫째, 자기 학습 습관의 장단점을 알아야 한다. 메타인지는 자신을 객관적으로 보는 힘이다. 이는 자신의 부족한 점을 인정하는 데서 출발한다. 이를 위해 학습 습관의 장단점을 써 보는 것이 중요하다. 그리고 단점을 어떻게 보완할 것인지에 대해서도 써 본다. 생각만 하는 것보다 써 보면 더 객관화할 수 있고, 수시로 보면서 점검할 수 있다. 그리고 단순히 자기 생각만으로 판단하는 것보다 교사나 성적이 우수한 친구의 피드백을 받는 것이 필요하다. 그래야 더 자신을 객관적으로 볼 수 있기 때문이다.

둘째, 기억 과정을 이해한다. 공부는 기억에 의존한다. 따라서 뇌가 정보를 어떻게 받아들이고 장기 기억으로 보내는가의 기억 메커니즘을 이해하는 것이 중요하다. 정보는 감각 기관에 의해 입력되어서 단기 기억되었다가 해마에 의해 중요한 내용은 장기 기억으로 보내진다. 해마가 중요하다고 판단하는 기준은 자극의 강도와 반복이다. 자극의 강도는 집중력과 의욕, 동기 등과 관련이 있다. 또한 반복은 기억의 필수 전략이며, 반복의 주기가 중요하다. 이러한 기억 과정을 이해할 때 효율적인 공부 전략을 세울 수 있다.

셋째, 공부법을 배워서 자신만의 공부 전략을 세운다. 지금보다 더 높은 성적을 받기 위해서는 이제까지의 방법으로는 안 된다. 열심히 하는 것만이 능사가 아니다. 공신들은 자기만의 공부법이 있다. 그러한 공부법에는 공통점이 있다. 반복 주기와 인출 연습 등이 여기에 해당한다. 이러한 공부법을 배워 자신에 맞는 공부 전략을 수립한다. 다음 장에 소개된 하브루타 4단계 공부법이 효율적인 공부 전략을 수립하고, 메타인지를 높이는 데 도움을 줄 것이다.

넷째, 시험을 치기 전에 반드시 중간 테스트를 한다. 교과서의 단원별 평가 문제를 풀어 보고, 관련 단원의 문제집을 사서 풀어 본다. 수능에서 기출 문제의 중요성은 아무리 강조해도 지나치지 않다. 기출 문제를 통해 문제의 경향을 파악하고, 자기 수준을 알게 된다. 이를 통

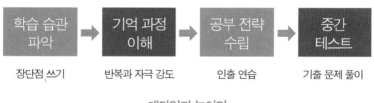

메타인지 높이기

해 부족한 부분을 보완한다. 이것이 메타인지 공부법의 핵심이다. 그리고 인지심리학의 장기 기억 전략이기도 하다.

하브루타와 메타인지

인지심리학자 리사 손 교수는 KBS「시사기획 창」'전교 1등은 알고 있는 공부에 대한 공부'에서 메타인지를 2가지 단계로 설명한다. 첫 번째 단계는 자기 평가 능력(모니터링)이다. 배운 내용에 대해 자신이 정확히 알고 있는지 모르는지를 아는 능력이다. 두 번째 단계는 자기 조절 능력(컨트롤)이다. 성적 향상을 위해 자신에게 맞는 학습 전략을 선택하고, 이를 실천에 옮기는 것이다. 이 2가지를 적절하게 활용할 때 메타인지 능력이 키워지고, 성적에 도움을 준다. 하브루타의 설명하기는 자기 평가 능력을 키우는 가장 좋은 방법이고, 질문하기는 자기 조절 능력을 점검하는 최고의 방법이다.

설명하기를 통해 메타인지 자기 평가 능력을 높일 수 있다. 하브루타 시간의 대부분이 설명하기 활동이다. 내가 만든 질문을 설명해야 하며, 친구의 질문에 대한 내 생각을 설명해야 한다. 설명하기 위해 자신의 생각을 정리하고, 때로는 공부한 내용을 기억해야 한다. 토론과 설득도 내 생각을 상대방에게 설명하는 것이다. 자신이 완벽하게 이해하고, 생각이 정리되어 있다면 상대방이 이해하기 쉽게 설명할 것이다. 반대로 제대로 이해하지 못했다면 설명하기 어려울 것이다.

또한 질문하기를 통해 자기 조절 능력을 높일 수 있다. 메타인지는 자신을 제대로 아는 것에서 출발한다. 자신을 제대로 아는 방법은 스스로 질문해 보는 것이다. 나는 무엇을 좋아하는가? 나는 어떤 일을 하고 싶은가? 왜 그 일을 하고 싶은가? 지금 나에게 가장 필요한 일은 무엇인가? 공부 방법에 문제는 없는가? 공부를 방해하는 습관은 없는가? 등에 대해 질문한다면 자신을 제대로 이해할 수 있을 뿐만 아니라 자신에게 맞는 공부법을 찾는 데 도움이 될 것이다. 이를 통해 스스로를 조절하면서 목표를 향해 나아갈 수 있다.

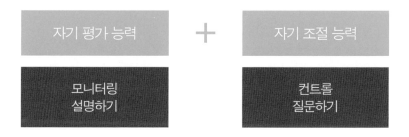

메타인지 2단계

다음은 하브루타로 공부하면서 느낀 점을 신선여고 공예진 학생이 적은 것이다. 이를 통해서 하브루타가 메타인지 능력 향상에 얼마나 큰 도움을 주는지 알 수 있다.

하브루타 공부의 가장 큰 장점은 '아는 것과 모르는 것'을 정확하게 구별해 준다는 것이다. 지금까지 나는 어떤 부분을 모르는지 정확히 모른 채 눈에 보이는 대로 외우는 방법으로 공부했다. 그러다 보니 자연스럽게 더 많은 양의 공부를 하게 되었고, 서서히 지쳐 가기 시작했다.

하지만 지난 3월부터 하브루타 공부법을 시작하고 난 후에는 말로 학습 내용을 설명하며 내가 정확하게 무엇을 알고 있는지, 또는 무엇을 모르는지 알게 되었다. 그래서 내가 모르는 부분에 집중하게 되어 학습 효율이 올랐다. 내가 말로 설명하다 막히는 부분을 다시 공부하는 과정에서 궁금한 점이 생긴 경우도 많았는데, 이 경우 궁금증을 해결하기 위해 인터넷 검색, 친구에게 물어보기, 선생님께 질문하기 등 다양한 방법을 사용하게 되었다. 이 과정에서 궁금증을 넘어 추가적인 배경 공부를 하게 되었고, 이렇게 알게 된 지식은 나에게 큰 의미로 다가왔다.

특히 친구에게 물어보면서 궁금증을 해결하는 방법은 같이 고민하는 과정을 통해 함께 성장할 수 있었고, 궁금증을 해결했을 때 쾌감과 더불어 친구 사이의 친밀감을 형성할 수 있다는 점이 좋았다. 반대로 나도 친구에게 질문을 받았을 때, 설명하는 과정에서 이전에 내가 미처 생각하지 못했던 부분을 스스로 생각해 낼 때는 공부의 기쁨을 느낄 수 있었다.

이런 방법이 단순히 시험만을 위한 공부가 아니라 학문에 대해 탐구하고 고찰하는 과정 같아 더 의미 있게 느껴졌다. 더불어 선생님들께도 감사한 마음을 많이 가지게 되었다. 나는 이런 작은 내용도 완벽하게 말로 설명하는 데 어려움을 겪는데, 선생님들께서는 수많은 학생이 알아듣기 쉽게 자신이 아는 것을 끊임없이 펼쳐 놓는 것이 대단하고 존경스럽다고 생각했다.

결국 메타인지를 높이는 공부법은 '힘들게 공부하라.'는 것이다. 단순 반복 읽기, 벼락치기 공부 등은 쉬운 공부이다. 쉬운 공부는 쉽게 잊혀진다. 그에 비해 설명하기, 기억해서 떠올리기, 테스트하기, 질문하기 등은 힘든 공부이다. 힘들게 한 공부는 잊기도 힘들다. 힘든 길을 선택하는 것은 용기가 필요하지만, 그만큼의 보상이 따른다.

4장

□

하브루타
4단계 공부법

유대인 공부 방법이 아무리 효과가 좋고 노벨상을 휩쓸고 있다고 하더라도, 그대로 따라 하면 우리도 그렇게 될 수 있을까에 대해서는 의문이다. 왜냐하면 공부 방법은 단순히 공부만의 문제가 아니라 문화이기 때문이다.

하브루타는 단순한 공부 방법이 아니라 유대인의 오래된 문화이다. 특히 그들의 경전인 토라와 탈무드를 공부하는 종교 행위에서 비롯했다. 엄밀히 말해 지금 유대인이 모두 하브루타로 공부하는 것은 아니며, 노벨상을 받은 모든 유대인이 하브루타만으로 업적을 이룬 것도 아니다. 따라서 하브루타를 그대로 우리 공부법으로 받아들이기에는 무리가 있다.

그럼에도 불구하고 우리가 유대인에게 꼭 배워야 할 요소가 있다. 그것은 바로 대화와 토론, 그리고 질문하는 습관이다. 이는 동서고금을 막론하고 꼭 필요한 공부 방법이다. 고대 성인들이 이를 통해 공부했고, 제자들을 가르쳤다. 이는 4차 산업혁명 시대를 살아갈 미래 인재에게 필요한 창의·비판적 사고를 키우기 위해서도 꼭 필요하다.

필자는 문화와 교육 풍토, 입시 제도가 다른 상황에서 어떻게 하브루타를 우리에게 맞도록 적용할 수 있을까에 대해 많은 고민을 했다. 수많은 유대인 관련 책과 공부법에 대한 책을 읽으면서 인지심리학의 공부법에 주목했다. 최근 뇌 과학과 인지심리학에서 검증된 기억력과 집중력을 높이는 공부법을 분석한 결과, 유대인 공부법과 공통점을 발견할 수 있었다. 그 내용을 우리 공부 문화에 맞게 구조화해서 '하브루타 4단계 공부법'으로 정리했다.

하브루타 4단계 공부법은 1단계 낭독하기 – 2단계 설명하기 – 3단계 기억해서 쓰기 – 4단계 질문하기로 이어진다. 1단계 낭독하기는 입으로 소리 내어 책을 읽는 것으로, 유대인이 어릴 때부터 탈무드를 공부할 때 사용하던 공부법이다. 2단계 설명하기와 3단계 기억해서 쓰기는 인지심리학의 인출 공부로 메타인지를 높이고, 오래 기억하게 한다. 특히 설명하기는 유대인의 토론에서 상대방을 설득할 때 늘 사용하던 방법이기도 하다. 4단계 질문하기는 유대인 삶의 원리이며 하브루타의 핵심이다.

이렇게 유대인 공부법인 낭독하기, 설명하기, 질문하기와 인지심리학의 인출 공부법인 설명하기와 기억해서 쓰기를 결합한 것이 하브루타 4단계 공부법이다. 특히 설명하기는 하브루타와 인지심리학에서 모두 사용하는 공부법이다.

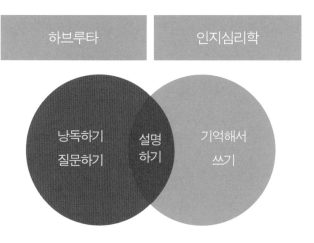

하브루타와 인지심리학의 공부법

하브루타 4단계 공부법은 '정보 입력 − 단기 기억 − 장기 기억 − 창의·비판적 사고'의 순으로 이루어진다. 정보 입력은 공부의 시작이며, 텍스트 내용을 기억으로 옮기는 첫 단계이다. 이때 낭독은 오감을 사용하여 뇌를 활성화하는 과정을 통해 입력 효과를 높인다. 입력 과정을 거친 단기 기억은 오래가지 못한다. 오래 기억하기 위해서는 인출 연습이 필요하다. 설명하기와 기억해서 쓰기가 가장 효율적인 방법이다. 이렇게 단기 기억이 장기 기억으로 저장되는 것은 지식의 양적 축적 단계이다. 장기 기억으로 저장된 내용은 지식의 질적 융합을 통해 창의·비판적 사고를 창출한다.

정보 입력	기억 시작	단기 기억	양적 축적	장기 기억	질적 융합	창의·비판적 사고

1단계 낭독하기　　　　2단계 설명하기　　　　4단계 질문하기
　　　　　　　　　　3단계 기억해서 쓰기

하브루타 4단계 공부법

　교육심리학자 미하이 칙센트 미하이 박사는 30년간 창의력을 연구한 세계적 석학이다. 그는 EBS 「창의성의 발견」에서 창의적 사고의 조건으로 지식과 몰입, 그리고 호기심을 꼽았다. 지식이 있어야 문제를 발견할 수 있고, 지식을 융합하고 몰입해야 문제를 해결할 수 있다. 그 가운데 "왜?"라는 질문이 중요한 역할을 한다. 낭독과 설명, 기억해서 쓰기로 지식을 축적하고, 그 지식에 질문할 때 창의·비판적 사고를 할 수 있다.

　지식의 질적 융합이 이루어지기 위해서는 기존 지식을 바탕으로 생각의 양이 증가하고 질이 높아져야 한다. 이를 위해 필요한 것이 질문이다. 질문을 통해 문제를 발견하고, 해결 과정에서 지식 간의 융합이 필요하다. 그 과정에서 새로운 생각이 일어난다. 이것이 창의성이다. 창의성은 충분한 지식의 축적 아래 끈질긴 사고력이 더해진 결과이다. 아울러 비판적 사고도 수동적으로 지식을 받아들이는 것이 아니라 옳고 그름을 따져 보는 것이다. 따라서 기존 지식에 대한 질문은 비판적 사고에 중요한 역할을 한다. 결국 지식을 바탕으로 질문을 통해

141

창의·비판적 사고를 키울 수 있다.

하브루타 4단계 공부법은 성적과 실력을 함께 키우는 공부법이다. 특정 과목에만 해당하는 공부법이 아니라 대부분의 과목을 아우르는 공부 원리이다. 이는 우리 입시에서 요구하는 암기를 바탕으로 한 텍스트 이해력과 분석력을 높일 뿐 아니라, 미래 사회가 요구하는 창의성과 의사소통 능력 역량을 함께 키울 수 있다.

우리는 등급제 입시에 매몰되어 학교에서의 성적은 좋지만, 실제 사회생활과 삶에서의 실력으로 연결하지 못하는 공부를 해 왔다. 하지만 하브루타 4단계 공부법으로 현실 공부의 목표인 학교 성적은 물론, 미래 사회에 살아갈 필요한 실력을 함께 키울 수 있다.

1단계 낭독하기

오랜 세월 동안 뇌 기능을 연구해 왔는데,
낭독할 때만큼 뇌 영역이 골고루 활성화된 예가 없었다.
인간의 뇌를 가장 활성화하는 행동은 아마도 낭독이 아닌가 싶다.

- 가와시마 류타(도후쿠 대학교 교수, 뇌 영상 연구의 일본 최고 권위자)

유대인의 낭독

낭독은 책을 소리 내어 읽는 것이다. 유대인은 가정에서 부모와 함께 탈무드를 소리 내어 읽는 것으로 공부를 시작한다. EBS에 소개된 뉴욕에 있는 유대인 예배당은 토요일 저녁이면 아이들 책 읽는 소리와 말소리로 혼이 나갈 정도로 소란스럽다. 교실에서도 짝을 지어 큰 소리로 책을 읽는다. 모두 하브루타를 몸에 익히는 과정이다. 『유대인 최강 두뇌 활용법』의 저자인 테시마 유로는 유대인 사회에서는 아이가 성서를 암송할 만큼 소리 내어 읽게 하며, 그것이 그들의 지적 수준을 높여 준 원인이라고 말한다.

식탁 대화가 하버드 대학교 논술 문제보다 쉬웠다는 유대인 친구를 둔 조승연은 EBS 방송에서 유대인의 낭독 문화에 대해 다음과 같이 말했다. "유대인 친구 가정에서 가족들이 소리 내어 돌아가면서 책을 읽는 장면을 많이 보았다. 혼자 읽는 것이 아니라 한 구절씩 돌아가면서 읽고, 소설은 부모와 아들이 역할을 정해 읽었다." 그 이유를 물어 보니 친구 아버지는 다음과 같이 답했다고 한다. "책은 너무 빨리 읽어도, 너무 느리게 읽어도 그 뜻을 이해할 수 없다. 어떤 속도로, 어떤 목소리로, 어떻게 숨을 끊으면서 읽는지 알아야 책에서 내용을 뽑을 수 있고, 재미가 있다. 부모와 같이 소리 내어 읽다 보면, 부모가 터득한 호흡법이나 리듬감을 아이들이 익히게 된다. 그렇게 해서 아이들이 독서에 재미를 붙이게 되면, 책을 손에서 내려놓지 않게 된다." 이처럼 유대인은 가정에서 낭독을 통해 생활 습관으로 독서를 몸에 익힌다는 것이다.

공부의 첫 단계는 읽는 것이다. 유대인은 눈으로만 읽지 않고 소리 내어 읽는다. 그들은 이러한 읽기를 '미크라(Mikra)'라고 한다. 원래 성경을 의미하는데 회당에서 소리 내어 읽는 데서 유래한다. 또한 학가다(Haggadah)를 통해 반복해서 암송했다. 학가다는 히브리어로 '읊조리다'는 뜻으로 하나님의 말씀을 반복하여 소리 내어 읊조리는 가운데, 말씀이 저절로 암송되게 하는 유대인 교육 방법이다. 이러한 낭독

문화가 하브루타의 출발인 셈이다.

　그런데 소리 내어 책을 읽는 것은 우리에게도 낯설지 않은 풍경이다. 옛날 서당에서 천자문을 읽을 때 몸을 흔들며 큰 소리로 읽는 모습이 바로 그것이다. 그런데 교육이 대중화되면서 혼자서 조용히 읽는 공부로 바뀌어 버렸다.

낭독의 공부 효과

　낭독은 인류의 가장 오래된 공부법이다. 4,000년 전에 인류 최초로 문자를 사용한 수메르인이 점토판에 남긴 기록에는 다음과 같은 내용이 있다. "오늘은 점토판을 암송하고, 점심을 먹은 뒤 필기 연습을 했습니다. 그 후에 선생님은 암송 숙제와 필기 숙제를 내 주셨습니다." 이후 힌두교, 불교 등 대부분의 종교에서는 암송을 통해 경전이 전해졌고, 지금도 다양한 문화권에서 암송으로 공부하고 있다. 암송은 소리 내어 읽으며 외우는 것이다. 그 이유는 소리 내어 읽는 것이 장기 기억에 도움을 주기 때문이다.

　뇌는 운동할 때 활성화된다. 뇌는 움직임을 위해 존재하기 때문이다. 그래서 식물에는 뇌가 없고 동물에만 뇌가 있다. 멍게가 유충일 때는 헤엄치고 다니면서 먹이를 찾기 때문에 뇌가 있다. 하지만 성체가 되어 바위에 붙어 정착하면 자기 뇌를 스스로 삼킨다. 이때부터는 움직이지 않고 흘러 들어오는 먹이만 먹어서 더 이상 에너지 소비가 많은 뇌가 필요하지 않기 때문이다. 실제로 많은 동물이 성장이나 진화 과정에서 필요 없는 기능은 스스로 없애 버리거나 퇴화시킨다. 반대로 몸을 움직이며 신체의 여러 부위를 사용할수록 뇌는 활성화된다.

낭독은 신체의 여러 기관을 사용한다. 낭독할 때 글자를 보기 위해 눈동자를 움직이고, 소리를 내기 위해 입술과 혀, 성대 운동을 한다. 또한 이미 낸 소리를 듣는 과정에서 고막의 떨림 등 귀의 청각 운동까지 하므로 뇌에 많은 자극을 주게 되는 것이다. 낭독이 뇌를 활성화하여 공부 효율을 올리는 이유이다.

이는 SBS「함께 읽는 독서의 맛」에서 소개한 가천의과대학교 뇌과학연구소의 실험 결과로 입증된다. 아이들은 처음 20분은 눈으로만 읽고, 다음 20분은 소리 내어 읽었다. 최첨단 뇌 영상 장비로 촬영한 결과 낭독할 때는 묵독할 때보다 훨씬 많은 뇌 영역이 활성화되었다.

묵독할 때는 시각 영역과 문장 의미를 이해하는 베르니케 영역이 활성화된다. 여기에 더해서 낭독할 때는 운동 기능을 담당하고 근육을 조절하는 소뇌의 활성화가 나타났다. 아울러 말하기와 문법 구조를 담당하는 브로카 영역, 자기가 말한 것을 귀로 들으니까 청각 영역까지 활성화된다. 또한 낭독할 때 세타파 등 저주파 영역이 높아졌는데, 이는 낭독할 때 훨씬 집중력이 강해진다는 것을 과학적으로 증명한 것이다.

MBC「우리 아이 뇌를 깨우는 101가지 비밀」에서도 낭독이 기억에 미치는 영향을 실험했다. 성적이 비슷한 학생을 두 그룹으로 나누어 각각 처음 보는 책을 나누어 주었다. 한 팀은 묵독을, 다른 팀은 낭독하게 한 후 내용을 묻는 테스트를 했다. 1차 테스트 후 평균을 낸 결과 낭독 팀(A그룹) 50.5점, 묵독 팀(B그룹) 36.0점이 나왔다. 다음으로 실험 타당도를 높이기 위해 두 팀의 역할을 바꾸었다. 1차 테스트와 다른 내용으로 책을 읽게 한 후, 2차 테스트를 한 결과 낭독 팀(B그룹) 57.5점, 묵독 팀(A그룹) 38.7점이 나왔다. 2번의 테스트에서 모두 낭독 팀이 훨씬 많은 내용을 기억했다. 낭독이 묵독보다 효과적인 기억 방법임이 입증된 것이다.

뉴스위크는 '공부 잘하려면 책을 소리 내어 읽어라'는 제목으로 과학 학술지 「메모리」에 실린 논문을 소개했다. 캐나다 워털루 대학교의 연구팀은 텍스트를 학습하는 4가지 방법을 비교했다. 소리 내지 않고 읽는 방법, 소리 내어 읽는 방법, 다른 사람이 소리 내어 읽는 것을 듣는 방법, 자신이 소리 내어 읽는 것을 녹음해 듣는 방법이었다. 그 결과 자신이 소리 내어 읽는 낭독이 기억하는 데 최선의 방법이었다.

논문 공동 저자인 인지와 기억 분야의 전문가 콜린 M. 맥레오드 교수는 "중요한 정보에 초점을 맞추고 싶을 때 소리 내어 읽는 것이 가장 좋은 방법이다. 소리 내어 읽으면 더 잘 기억할 수 있다. 해당 정보가 기억에 더 뚜렷이 각인되며, 소리 내어 읽지 않은 다른 정보와 구별되기 때문이다."라고 말했다. 그는 특히 중요한 시험을 앞두고 기억력을 최대한 활용해야 하는 수험생에게 실용적인 방법이 될 수 있다고 강조했다. "이 연구는 수험생에게도 적용될 수 있다. 학습에 행동이나 활동을 곁들이면 기억력이 증진된다는 점을 시사한다."라고 주장했다.

실제로 낭독이 수능 공부에서 효과를 나타낸 사례가 있다. 2011년 수능에서 전 과목 1등급을 받고, 4개 국어를 마스터한 오정우 군이 그 주인공이다. 그가 밝힌 공부 비결은 어떤 과목이든 소리 내어 읽고 외우는 낭독이었다. 그는 내일신문과의 인터뷰에서 다음과 같이 말했다. "제가 좀 시끄럽게 공부해요. 그래서 도서관 같은 곳엘 못 가죠. 수학처럼 앉아서 풀어야 하는 과목을 제외하고는 온 집안을 돌아다니면서 계속 중얼거리며 공부한답니다. 남들이 보기엔 시끄럽고 무척 산만해 보이지만 저는 가장 집중하는 순간이에요."

오정우 군은 낭독의 장점으로 공부하면서 전체 흐름을 파악하는 데 도움이 된다는 점을 강조했다. 소리 내어 읽는 과정을 통해 본문 내용과 뜻을 암기하면서, 다음에 어떤 내용이 나오는지를 유추하게 되기 때문이다. 또한 또박또박 소리 내어 읽는 것이 정확하게 암기하는 데 도움을 준다고 말했다. 낭독이 학습에 미치는 긍정적인 영향은 다음과 같다.

첫째, 집중력을 높인다. 눈으로만 읽으면 단어 하나하나에 집중하지 않고, 이미 익숙한 내용의 경우 알고 있다는 생각에 대충 넘어가는 경우가 많다. 하지만 낭독하게 되면 자연스럽게 글자 한 자 한 자에 집중해서 읽는 정독을 하게 된다. 이는 읽을 때 생각이 다른 것에 빼앗기지 않고, 집중력을 유지하게 한다. 아나운서들은 방송 전에 중얼거리며 대본을 외우는 경우가 많다. 집중력 있게 외우는 가장 효과적인 방법이기 때문이다.

둘째, 이해력을 높인다. 눈으로만 읽으면 빠르게 읽게 되고, 읽는 속도를 생각이 미처 따라잡지 못해 조금 전 읽은 내용을 잊어버리는 경우가 많다. '얼마나 빨리 읽었는가?'보다 내용을 '얼마나 이해했는가?'가 중요하다. 눈으로 읽다가 이해가 되지 않으면 자신도 모르게 그 부분을 천천히 소리 내어 읽게 되는 경험을 한 적이 있을 것이다. 이처럼 낭독은 글에 대한 이해력을 높인다.

셋째, 기억력을 높인다. EBS 다큐프라임 「기억력의 비밀」에서 서울대 연구팀은 기억력 향상 전략으로 단어를 반복해 입으로 따라 말하며 되뇌는 낭독을 제시했다. 낭독은 시각과 청각을 자극할 뿐만 아니라 입술을 움직이며, 자연스럽게 몸이 움직이게 된다. 이는 대뇌 신경 세포를 자극하여 두뇌 활동을 활발하게 한다. 머리로만 기억한 것은 오래되지 않아 잊게 되지만, 몸으로 기억한 것은 오래 기억하게 된다. 낭독하기는 머리와 몸을 함께 써 기억력을 높이는 공부법이다.

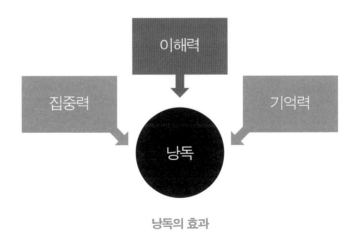

낭독의 효과

암기와 이해를 위한 낭독법

낭독은 암기를 필요로 하는 대부분의 공부에 도움을 준다. 주요 사건과 배경, 인물, 사상 등을 외워야 하는 사회, 윤리, 역사 과목에 유용하다. 문학 작품을 읽을 때는 전체 맥락 이해에 도움을 준다. 어릴 때 구구단도 소리 내어 암송하면서 외웠을 것이다. 공부에 도움을 주는 효과적인 낭독법은 다음과 같다.

첫째, 중요한 부분에 밑줄을 치고, 키워드에는 형광펜이나 동그라미 등의 부호를 표기한다. 가능한 문단별로 하는 것이 효과적이다. 왜냐

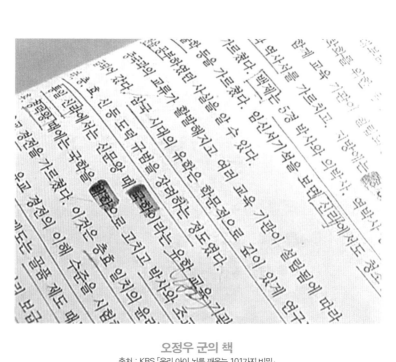

오정우 군의 책
출처 : KBS「우리 아이 뇌를 깨우는 101가지 비밀」

하면 문단은 하나의 주제를 이루는 몇 개의 문장으로 구성되기 때문이다. 그중에 가장 핵심이 되는 문장에 밑줄을 치고, 키워드에 부호를 표기하는 활동을 통해 훨씬 강력하게 뇌의 기억 효과를 활성화할 수 있다. 또한 문단별 중요 내용을 연결하면, 전체 내용을 파악하기에도 용이하다. 낭독으로 공부해서 수능 전 과목 1등급을 받은 오정우 군의 책을 보면 중요한 내용에는 밑줄을 치고, 키워드에는 형광펜이나 네모 등의 표기를 한 것을 볼 수 있다.

둘째, 입으로는 읽고, 머리로는 생각해야 한다. 낭독은 입과 뇌의 기능을 함께 수행하는 공부이다. 입으로만 읽고 머리로 생각하지 않는다면 아무리 많이 읽어도 기억에 도움 되지 않는다. 내용 이해에 그치지 말고, 전체적인 흐름을 파악해야 한다. 이는 조금 전에 읽은 내용을 머리에 담아 두어 오래 기억하게 하는 역할을 한다. 또한 앞으로 나올 내용을 예상하며 읽는 것이 도움이 된다. 맥락을 이해하는 데 도움을 주고, 상상력과 창의력이 생기게 된다.

셋째, 모르는 어휘는 반드시 확인한다. 어휘는 글을 구성하는 기본 단위이다. 교과서나 시험 문제는 모두 글로 이루어진다. 수학 문제도 내용을 이해하지 못하면 계산력만으로는 풀 수 없다. 어휘력이 낮은 학생은 책을 읽거나, 시험 문제를 풀 때 어려움을 겪을 수밖에 없다. 따라서 어휘력이 학습 수준이며, 이해력과 사고력의 기초이다. 학년이 높아갈수록 어휘력의 중요성은 증가한다. 특히 제한된 시간에 긴 지문을 읽고 분석해야 하는 수능 시험의 경우 어휘력이 점수에 미치는 영향은 크다. 읽으면서 모르는 어휘는 반드시 확인해서 내용을 이해하고 넘어간다.

넷째, 이해되지 않는 내용은 반복해서 낭독한다. 책을 읽다가 어려운 사상이나 내용이 나오면 그 의미가 한 번에 이해되지 않는 경우가 많다. 눈과 입술로는 읽었지만, 뇌가 충분히 내용을 받아들이지 못한 경우이다. 어려운 내용은 눈으로 읽는 속도보다 뇌의 이해 속도가 느리기 때문이다. 그럴 경우 여러 번 반복해서 읽으면 이해되는 경우가 많다. 『삼국지』에 독서백편의자현(讀書百遍義自見)이란 말이 있다. 백 번 읽으면 그 뜻이 저절로 이해된다는 뜻이다. 뜻이 어려운 글도 자꾸 되풀이하여 읽으면, 그 뜻을 스스로 깨우쳐 알게 된다는 것이다.

다섯째, 온 몸을 사용해서 낭독한다. 신체의 다양한 기관을 함께 활용할수록 뇌는 더욱 활성화한다. 옛날 서당에서도 앞뒤로 몸을 흔들며 천자문을 읽었다. 오정우 군도 온 집안을 걸어 다니면서 외웠다고 한다. 물론 이것은 항상 할 수 있는 방법은 아니다. 하지만 급하게 외워야 할 경우에는 가장 효과적인 방법이다.

글자를 처음 배우는 아이를 위한 낭독법

인류 역사에서 문자의 역사는 그리 길지 않다. 인류 역사를 수백만 년이라고 할 때, 문자의 역사는 5,000년 남짓이다. 따라서 인간의 뇌는 문자를 읽기 위해서는 특별한 노력이 필요하다. 듣기는 별다른 노력 없이 저절로 이루어진다. 태아 6개월 정도면 청각 능력이 생긴다. 말하기도 의식적으로 배우지 않아도 자연스럽게 익힌다. 부모와 함께 생활하면서 필요한 말을 저절로 배우게 된다.

하지만 읽기는 의식적인 노력 없이 배우는 경우가 거의 없다. 글을 읽는다는 것은 단순히 어떤 글자를 다른 글자와 구분해서 소리 내어 읽는 것을 의미하지 않는다. 그것은 단어와 문장의 의미를 이해하고, 기억에서 필요한 내용을 끄집어내어 생각하고, 때로는 자신의 경험과 연결하는 매우 복잡한 활동이다. 이를 위해서는 뇌의 시각과 청각을 담당하는 감각 기관뿐만 아니라 기억과 감정을 담당하는 영역이 총출동해야 한다.

뇌의 다양한 영역이 읽기를 수행할 만큼 발달하기 위해서는 최소한 6세 정도는 되어야 한다. 『낭독 혁명』에 소개된 영국의 독서학자 우샤 고스와미 교수가 5세와 7세 아이를 대상으로 실시한 연구에 따르면 5세에 글자를 배워서 독서를 한 아이보다 7세에 글자를 배워서 독서를 한 아이가 초등학교 후반기에 독서력이 높게 나왔다. 뇌가 충분히 성숙하지 않은 상황에서는 글자를 익혀 글을 읽을 수는 있지만 내용을 제대로 이해할 수는 없었기 때문이다. 따라서 6세 이전의 아이들에게는 억지로 글자를 익히게 하는 것보다 부모가 책을 읽어 주는 것이 훨씬 효과적이다.

KBS「낭독의 발견」홍경수 PD는 『여섯 살 소리 내어 읽어라』에서 책을 읽어 주는 중요한 원칙으로 11가지를 제시한다.

- 매일 읽어 주어라.

- 표지를 보여 주어라.

- 그림에 대해 이야기해 주어라.

- 손가락으로 짚어 주어라.

- 목소리를 흥미 있게 하라.

- 천천히 읽어 주어라.

- 아이의 호흡에 맞추어라.

- 질문하라.

- 질문하게 하라.

- 이야기를 하게 하라.

- 독서에 대해 이야기하라.

　글자를 익히는 처음 단계에서는 혼자 읽게 하는 것보다 부모와 함께 읽는 것이 효과적이다. 예를 들어 부모와 아이가 한 페이지씩 교대로 읽는 것이다. 아이들은 부모와 함께 하는 것에서 훨씬 안정감을 느낀다. 또한 막힐 때 바로 도움을 줄 수 있어서 아이의 흥미를 유지하게 한다. 특히 대화체 문장의 경우 부모가 등장인물에 감정 이입을 해서 목소리를 바꾼다든지, 과장해서 읽는다면 아이들에게는 이보다 재미있는 놀이가 없다. 이는 인지 발달뿐만 아니라 부모와 상호 작용하면서 사회성을 키우는 데도 도움이 된다. 이렇게 형성된 독서 습관은 자연스럽게 커서도 혼자서 책을 읽는 즐거움을 알게 한다.

또한 글자를 처음 배우는 어린아이에게 가장 효과적인 방법은 부모나 교사 옆에서 큰 소리로 읽게 하는 것이다. 글을 처음 배우는 어린아이가 묵독을 하는 경우는 거의 없다. 여기서 소리 내어 크게 읽는 것이 중요하다. 시각과 청각 등 다양한 감각 기관을 활용하여 뇌를 활성화할 뿐만 아니라 자신감을 갖게 한다. 또한 적절한 피드백을 통해 아이의 잘못을 수정해 줄 수 있다. 큰 소리로 읽게 되면 부모가 근처에서 집안일을 하더라도 얼마든지 피드백을 해 줄 수 있는 장점도 있다.

낭독은 부모와 아이 모두에게 행복을 주는 읽기이다. 송나라 학자 예사(倪思)는 이렇게 말했다. "솔바람 소리, 시냇물 소리, 산새 소리, 풀벌레 소리, 거문고 소리, 바둑 두는 소리, 비가 섬돌 위로 떨어지는 소리, 창문에 눈발이 흩날리는 소리, 차 달이는 소리 등은 모두 소리 중에서도 지극히 맑다. 하지만 낭랑하게 책 읽는 소리가 가장 좋다. 다른 사람이 책 읽는 소리를 들으면 그렇게까지 기쁘지는 않은데, 자식의 책 읽는 소리만큼은 기쁨을 이루 말로 다 할 수가 없다."

시(詩) 낭독법

시는 비교적 짧은 표현으로 상상력과 생각의 깊이를 키운다. 감정을 넣어 운율과 리듬을 느끼면서 시를 낭독하는 것은 그 자체로 삶을 풍요롭게 한다. 또한 문자를 처음 배우는 아이에게 끊어 읽는 습관을 갖게 한다. 낭독 훈련의 초기에는 다음과 같은 이유로 시를 낭송하는 것이 효과적이다.

첫째, 분량이 비교적 짧아서 읽기에 부담을 주지 않는다. 글자를 처음 익히는 아이에게 긴 문장은 읽기에 대한 거부감을 가지게 할 수 있다. 하지만 짧은 시는 아이들이 쉽게 읽을 수 있어 성취감을 느낄 수 있다. 또한 짧은 시를 반복해서 읽는다면 자연스럽게 암송으로 이어질 수도 있다.

둘째, 아이들의 공감 능력을 키우고, 정서에 도움을 준다. 동시는 내용이 아이들의 눈높이에 맞춘 경우가 많다. 따라서 아이들은 내용에 쉽게 공감하고, 자신의 감정을 이입할 수 있다. 글쓴이의 기분과 감정에 대해 부모와 아이가 함께 대화를 나눈다면 아이들은 자연스럽게 표현력이 좋아지고 공감 능력이 생길 것이다. 이는 아이의 정서에 큰 도움이 된다.

셋째, 상상력과 사고력을 키운다. 시를 읽는 가운데 시의 장면이 자연스럽게 머리로 그려지게 되면서 상상력을 키운다. 또한 시는 산문과 달리 함축된 언어로 표현된 여백이 있는 글이다. 그 여백은 아이의 생각으로 다양하게 채울 수 있다. 이를 통해 읽는 행위가 더 많은 생각으로 연결되면서 사고력을 키우게 된다.

다음과 같은 방법으로 1주일에 1편 정도의 시를 지속적으로 낭독하고 암송하면 언젠가 스스로 시를 쓰는 아이가 될 수 있을 것이다.

첫째, 아이의 수준에 맞는 시를 선택한다. 어휘가 지나치게 함축적인 내용보다 아이들이 쉽게 읽을 수 있는 비교적 잘 알려진 시를 선택한다. 독서 전문가인 고영성과 시인 조기영이 함께 저술한『우리아이 명시 낭독』을 추천한다. 아이와 함께 읽을 수 있는 48편의 시가 수록되어 있다.

둘째, 부모가 함께 읽는다. 아이들은 부모와 함께하면 공부가 아니고 놀이가 된다. 아이와 함께 시를 1행이나 1연씩, 혹은 시 전체를 번갈아 읽다 보면 부모와 아이가 함께 행복한 시간을 보낼 수 있다. 아이 정서에 이보다 더 좋은 일은 없을 것이다.

셋째, 낭송에 도전한다. 시는 한 번 읽는 것보다 반복해서 읽으면 그때마다 느낌과 의미가 새롭게 와 닿는다. 처음부터 외운다는 부담을 주지 말고 같은 시를 매일 반복해서 읽으면서 자연스럽게 외울 수 있게 한다. 물론 이때도 부모와 함께한다. 처음에는 1행이나 1연씩 주고받으면서 암송하고, 나중에는 시 전체를 교대로 암송한다.

넷째, 낭송 노트를 만든다. 함께 외운 시는 낭송 노트에 외워 적는다. 한 자 한 자 적는 과정에서 시를 곱씹게 되고, 페이지가 늘어 갈수록 성취감도 생긴다. 노트 여백에 적당한 그림을 그린다면 상상력과 더불어 창의력에도 도움을 줄 것이다.

영어 낭독법

언어의 1차 목표는 의사소통이다. 언어는 듣고 말하기를 위한 수단이기 때문이다. 문자는 지식 전달 수단으로 훨씬 뒤에 생겼다. 그런데 우리말은 듣고 말하기를 통해 자연스럽게 익히게 되지만, 영어는 처음부터 알파벳과 문자를 통해 배우는 것이 대부분이다. 그렇다 보니 우리는 영어로 의사소통하는 일을 어려워한다.

낭독은 영어로 소리 내어 말하면서 글을 익히게 한다. 문자를 보면서 입술을 통해 말로 표현하기 때문이다. 따라서 낭독으로 공부하기에 가장 좋은 과목이 영어이다. 키영어학습방법연구소에서 펴낸 『초등 영어 말하기, 낭독이 말하기다』에서도 영어 학습에서 낭독의 중요성을 강조한다. 단순한 반복 학습으로 언어의 최종 목적을 달성할 수 없으며, 상대방이 듣고 그 말을 이해할 수 있는 의사소통이 되어야 진짜 언어라고 강조한다. 이런 실제적인 의사소통을 위해 규칙적인 낭독 훈련은 필수라고 밝힌다.

이는 EBS 다큐프라임 「한국인과 영어」 4부 '언어의 벽을 넘어라' 편에서 낭독이 영어 학습에 얼마나 도움이 되는지 알아보기 위한 실험 결과와 일치한다. 한 달 동안 8명의 학생에게 자신이 직접 고른 영어 동화책을 매일 낭독하게 했다. 그리고 실험 전과 실험 후로 나누어 독해력, 발음의 정확성, 문장의 읽기 속도를 측정하는 컴퓨터 프로그램으로 실력 변화를 분석했다. 분석 결과 참가 학생들의 영어 실력이 눈에 띄게 상승했다. 독해력은 평균 70.25에서 90.25, 발음은 20.37에서 33.75, 읽는 속도는 51.62에서 62.5로 상승했다.

박광희, 심재원은 『영어 낭독 훈련에 답이 있다』에서 영어로 말할 기회가 거의 없는 우리가 가장 쉽게 입술을 통해 영어를 내뱉는 방법은 낭독이라고 주장한다. 그렇다고 발음과 리듬이 다른 영어를 무작정 큰 소리로 읽는 것은 도움이 되지 않는다. 가장 효과적인 영어 낭독법은 새도 스피킹(shadow speaking)이다. 이는 원어민이 녹음한 발음을 들으면서 그림자처럼 이어서 따라 말하는 방법이다. 이를 통해 정확하고 유창한 발음과 자연스러운 영어 리듬 감각을 익혀 스피킹의 기본기를 쌓을 수 있다.

영어 고수인 동시 통역사들도 이 감각을 유지하기 위해 낭독 훈련을 지속해서 실천한다. 무엇보다 어휘, 문법, 발음 등 영어의 모든 요소가 담겨 있는 정제된 문장을 반복적으로 소리 내어 읽음으로써 다양한 영어 표현을 자연스럽게 익힐 수 있다. 이는 EBS「공부의 달인」에 출연한 서지원 양의 사례를 통해 입증된다.

지원 양은 11살 때 국내 최연소 토익 만점을 받았다. 토플 109점(120점 만점), 세계 최대 규모 영어 철자 맞히기 대회 2년 연속 한국 우승자이기도 하다. 그런데 지원 양은 해외 거주나 조기 유학 경험이 없으며, 영어 학원조차 제대로 다녀 본 적이 없다. 지원 양이 영어 공부를 시작한 것은 한글을 완전히 익힌 6살 때라고 한다. 영어 공부는 국어 단어를 많이 알고, 우리나라 글을 매끄럽게 이해할 수준에 이르렀을 때 접해야 한다는 어머니의 생각 때문이다.

지원 양이 영어를 처음 시작할 무렵 어머니는 딸에게 영어 테이프를 큰 소리로 따라 하는 습관을 만들어 주었다. 테이프를 들으며 교

서지원 양의 책
출처 : EBS 「공부의 달인」

재를 읽을 때는 그냥 따라 읽는 것이 아니라 원어의 발음과 강세대로 문장을 끊어 읽는 법을 표시하면서 공부하게 했다. 아이가 영어를 들으며 한 문장 안에서 끊어 읽는 순간을 주의 깊게 듣고 표시하며 공부하는 것이다.

지원 양은 영어 뉴스를 들을 수 있는 인터넷 사이트에 접속해서 원어민 발음을 듣고 똑같이 따라 하는 연습을 자주 한다. 해외 연수나 원어민 교사의 지도 없이도 정확한 발음을 구사하는 것은 꾸준히 듣고 말하는 연습을 반복했기 때문이다. 보통 3~4번 따라 읽지만, 많이 할 때는 10번 이상 따라 읽는다. 이를 통해 원어민과 비슷한 발음과 속도를 익히게 된다.

지원 양의 어머니는 어릴 때부터 항상 크게 따라 말하게 했다. 입 밖으로 소리 내어 말을 해야 발음 교정은 물론 자신감 향상에 도움이 되기 때문이다. 지원 양은 문법 공부를 따로 하지 않고 글을 읽는 것만으로도 "내가 읽은 책에서 이렇게 비슷하게 나왔구나." 하고 알 수 있다고 한다. 말 자체가 익숙해지면 그냥 읽어도 답이 나온다는 것이다. 이는 우리가 문법을 배우지 않아도 한글을 제대로 이해할 수 있는 것과 같다.

『영어 낭독 훈련에 답이 있다』는 반기문 전 UN 총장의 영어 공부법을 소개하고 있다. 그는 중학교 때 영어를 처음 접한 후, 교과서 단어와 문장을 큰 소리로 여러 차례 읽고 암기하는 무식하고 단순한 학습법을 실천했다고 한다. 입으로 거듭 낭독하는 연습을 하다 보니 자연스레 암기될 뿐 아니라 말하기 연습에도 효과적이었다고 한다. 그는 학창 시절에 많은 영어 문장과 표현을 큰 소리로 읽고 외우면서 쌓은 실력이 국제무대에서 고급 영어를 구사할 수 있는 기초가 되었다고 스스로 밝힌 바 있다.

평창 동계올림픽 유치 프레젠테이션을 성공적으로 이끈 나승연 씨는 문화일보와의 인터뷰에서 영어를 잘하게 된 비결을 다음과 같이 말했다. "대학에서 불어를 전공했는데, 통역대학원도 다니지 않았습니다. 어릴 때부터 책을 소리 내어 읽는 버릇이 있었는데 그게 큰 도움이 된 것 같아요. 오랫동안 이런 습관이 붙다 보니 외국어에 익숙해진 것 같아요. 외국에 가서 공부한다고 다 잘되는 것은 아닌 만큼 외국어로 말을 할 수 없으면 소리 내어 말하는 것을 꾸준히 해야 합니다.”

영어 낭독을 통해 기본적인 스피치와 영어에 대한 자신감을 갖게 되면 문법과 독해는 자연스럽게 해결된다. 우리나라에서 독해를 잘하면서 스피치를 못하는 경우는 많지만, 스피치를 잘하는 사람이 독해를 못하는 경우는 별로 없다. 이상의 사례를 통해 알 수 있는 효과적인 영어 낭독법은 다음과 같다.

첫째, 크게 읽는다. 크게 읽으면 자연스럽게 단어 하나하나에 집중하게 된다. 처음에는 크게 읽는 것이 어색할 수 있다. 하지만 익숙해지면 발음에 대한 자신감도 생기고 스피킹에 대한 두려움도 극복할 수 있다. 중국에서 ‘미친 영어(Crazy English)’로 영어 선풍을 일으킨 리양의 공부법도 단순하다. 자신이 낼 수 있는 가장 큰 목소리로, 가장 빠르게, 가장 정확하게 영어 문장을 외치는 것을 반복하면 자신도 모르게 그 소리가 내 입안과 머릿속에 기억된다고 주장한다.

둘째, 원어민의 발음을 듣고 똑같이 따라 한다. CD나 MP3 파일, 유튜브, 인터넷 방송 등을 활용한다. 이를 통해 정확한 발음과 영어의 리듬 감각을 익히며, 적절하게 의미 단위로 끊어 말하는 능력도 키울 수 있다. 더불어 읽는 속도가 빨라지고 내용 이해력도 높아지게 된다.

셋째, 가능한 많은 영어 문장을 암송한다. 문장의 암송은 자연스럽게 문법을 익히는 계기가 된다. 실제로 외국인과의 영어 대화에서도 암송한 내용을 그대로 활용할 수 있게 된다. 박광희의 『영어 낭송 훈련』에서는 실전 영어 회화에서 써먹을 수 있는 문장을 소리 내어 말하면서 매일 꾸준히 암송하는 것이 스피킹 학습의 정도(正道)이며 지름길이라고 말한다.

시험 문제 낭독법

시험 칠 때 소리 내어 읽을 수는 없다. 하지만 소리를 내지 않고 입술로만 낭독해도 효과가 크다. 눈으로만 읽으면 익숙한 내용은 스스로 안다고 생각해서 대충 읽거나 건너뛰어 읽는 경우가 생긴다. 이때 알면서도 틀리는 실수를 하게 된다.

하지만 입술로 낭독하게 되면 한 자씩 빼먹지 않고 읽어야 하므로 실수를 예방할 수 있다. 시험 문제는 발문과 제시문, 선택 답지로 이루어져 있다. 2020년 수학능력시험 윤리와 사상 문제를 예시로 시험 문제 낭독법을 알아보자.

다음은 고대 중국 사상가 갑, 을의 가상 대화이다. 갑, 을의 입장으로 가장 적절한 것은?

갑 : 성인(聖人)은 무위(無爲)에 머물고, 말하지 않는 가르침을 행합니다. 또한 만물을 잘 자라게 해 주면서도 가지려 하지 않고, 공(功)을 이루어도 내세우지 않습니다.
을 : 성인(聖人)은 사람의 형태를 띠고는 있지만, 사람의 성정을 가지고 있지 않으며, 시비도 몸에 지니지 않습니다. 또한 덕의 조화 속에서 마음을 노닐게(遊心) 합니다.

① 갑 : 성인은 물처럼 낮은 곳에 머물면서 남들과 다투지 않는다.

② 갑 : 성인은 사람들이 공적을 쌓아 널리 이름을 떨치도록 돕는다.

③ 을 : 성인은 도(道)의 관점에서 시비와 선악을 명확하게 분별한다.

④ 을 : 성인은 각각의 자연적 특성을 가진 만물을 평등하게 대하지 않는다.

⑤ 갑, 을 : 성인은 예(禮)를 가르쳐서 백성의 본성이 실현되도록 한다.

첫째, 발문의 키워드와 진위(眞僞)에 유의한다. 발문은 질문의 형식으로 이루어지며, 키워드와 진위 등으로 구성된다. 키워드와 진위에 해당하는 부분은 반드시 동그라미나 밑줄 등으로 표시하여 명확히 읽어야 한다. 왜냐하면 알고도 틀리는 실수는 대부분 발문을 정확히 읽지 않아서 생기기 때문이다. 이 문제에서 키워드는 '고대 중국 사상가'이다. 진위는 '적절한 것'을 묻고 있음으로 맞는 것을 골라야 한다. 따라서 '고대 중국 사상가'와 '적절'에 반드시 밑줄이나 동그라미 등의 표시를 해야 한다. 교과서에 나오는 고대 중국 사상가는 그리 많지 않다. 유교의 공자, 맹자, 순자 그리고 도가의 노자와 장자 정도이다. 그 정도를 염두에 두고 제시문을 읽는다. 수학능력시험이나 내신 시험에서 발문은 다음과 같이 진위를 묻는 표현이 대부분이다. 이 부분에 표시를 해야 실수하지 않는다.

진(眞)	위(僞)
적절한 것은? 옳은 것은?	적절하지 않은 것은? 옳지 않은 것은?

둘째, 제시문은 키워드에 표시를 하면서 읽는다. 갑의 키워드는 무위(無爲)이다. 중국 고대 사상가 중에서 무위를 강조한 사람은 노자이다. 을의 키워드는 '시비도 몸에 지니지 않음'이다. 이는 시비(是非), 미추(美醜), 선악(善惡)을 구별하지 않고 만물을 동등하게 보는 장자의 제물론(齊物論)에 해당한다. 따라서 키워드를 통해 어느 사상가인지 명확히 확인한 후, 나머지 문장은 그 사상가임을 확인하는 수준에서 빠르게 읽는다. 갑에 노자, 을에 장자라고 적어 명확하게 할 수도 있다.

셋째, 선택 답지에서 중요한 내용은 밑줄 치며 읽는다. ①번 '성인은 물처럼 낮은 곳에 머물면서 남들과 다투지 않는다.'는 노자의 『도덕경』에 나오는 상선약수(上善若水)를 해설한 내용으로 문장 전체가 중요하므로 모두 밑줄 친다. 노자의 핵심 사상이 무위자연과 상선약수이므로 ①번이 정답임을 알 수 있다. ②번 '성인은 사람들이 공적을 쌓아 널리 이름을 떨치도록 돕는다.'에서 '공적을 쌓아'와 '이름을 떨치도록'에 밑줄 친다. 무위자연을 강조하는 노자와는 상관없다. ③번 '성인은 도(道)의 관점에서 시비와 선악을 명확하게 분별한다.'에서 '시비와 선악, 분별'에 밑줄 친다. 제시문에서 '시비도 몸에 지니지 않습니다.'라고 했으므로 틀렸다. ④번 '성인은 각각의 자연적 특성을 가진 만물을 평등하게 대하지 않는다.'에서 '평등하게 대하지 않는다.'에 밑줄 친다. 장자는 만물을 평등하게 보므로 틀렸다. ⑤번 '성인은 예(禮)를 가르쳐서 백성의 본성이 실현되도록 한다.'에서 '예(禮)를 가르쳐서'에 밑줄 친다. 노자와 장자는 모두 인위적인 규범인 예(禮)를 부정하므로 틀렸다.

실제로 중·고등학교 시험 문제나 수학능력시험의 경우 제시문이 길어서 전체를 낭독할 경우 시간이 모자란다. 이런 경우에도 발문만은 입술로 낭독하는 것이 실수를 줄이는 데 도움이 된다. 제시문과 선택답지는 키워드와 주요 내용에만 밑줄 치며, 나머지는 내용을 확인하는 수준에서 묵독으로 빠르게 읽는다.

제시문이 긴 언어 영역이나 외국어 영역의 경우에는 여러 문단 중 첫째 문단이나 마지막 문단에 핵심 주장이 나오는 경우가 많다. 그 부분에 반드시 밑줄을 치고, 문단별 키워드에도 표시를 하는 것이 제시문을 빠르게 이해하는 방법이다.

초등학교 시험 문제의 경우에도 발문은 꼭 입술로 낭독하며, 핵심 내용에는 밑줄이나 동그라미 등의 표시를 하면서 읽도록 한다. 제시문에 관심을 두느라 발문을 소홀히 읽어서 실수하는 경우가 대부분이기 때문이다.

독서 모임을 통한 낭독

이상에서 다양한 사례의 낭독법을 알아보았다. 낭독이 좋은 효과에도 불구하고 실천하기 쉽지 않은 것은 힘들고 불편하기 때문이다. 눈으로만 읽는 묵독은 언제 어디서나 할 수 있다. 하지만 소리 내어 읽는 낭독은 쉽게 할 수 있는 것이 아니다. 그렇다 보니 처음에는 낭독을 시작하더라도 지속적인 습관으로 만들기는 쉽지 않다. 하지만 혼자 하지 않고 함께 한다면 훨씬 쉽게 낭독을 습관화할 수 있다.

어려서는 부모와 함께 하는 방법이 최고이지만, 중·고등학생이 되어서는 부모가 함께 책을 낭독하는 것은 쉬운 일이 아니다. 좋은 방법은 동아리 형태의 낭독 모임을 만드는 것이다. 모임을 만들어 낭독하면 다음과 같은 장점이 있다.

첫째, 혼자 읽기 어려운 책을 읽을 수 있다. 마이클 샌델의 『정의란 무엇인가』는 우리나라에서 200만 부가 넘게 팔린 베스트셀러이다. 하지만 끝까지 읽은 사람은 얼마 되지 않는다. 내용이 너무 어려워서, 너무 두꺼워서, 흥미가 떨어져서, 바쁜 일이 생겨서…. 이런저런 이유로 포기한 경우가 많다. 인문학의 열풍이 불고 있지만, 막상 인문학 고전(古典)을 혼자 읽기는 쉽지 않다. 하지만 낭독 모임을 통해 읽으면 해결된다. 낭독 모임은 약속이다. 어쨌든 모임에 꾸준히 참석하게 되면 완독하게 된다. 꼭 읽고 싶지만 혼자 읽다 보면 중간에 포기하는 경우가 많다. 필자도 소로우의 『월든』을 읽기 위해 3번을 시도했지만 모두 100여 쪽에서 포기하고 말았다. 올해는 낭독 모임을 통해 다시 도전할 계획이다. 함께 읽게 되면 중도에 포기할 수 없다.

둘째, 미리 읽을 필요가 없다. 일반 독서 모임은 책을 미리 읽은 후, 나중에 모여서 생각을 나누거나 토론을 한다. 읽기와 토론이 엄밀히 구분된다. 해야 할 일이 많은 요즘 학생들에게 미리 책을 읽게 한다는 것은 쉬운 일이 아니다. 바쁜 일이 생길 경우 미리 읽지 못하고 참석하거나, 읽어도 참석하지 못하는 경우가 있다. 하지만 낭독 모임은 함께 모여 읽기 때문에 미리 읽을 필요가 없다. 혹시 사정이 있어 낭독 모임에 빠질 때는 그 부분만 혼자서 읽으면 다음 모임에서 이어서 낭독할 수 있다.

셋째, 책에서 배우고, 사람에게 배운다. 일차적으로 책의 내용을 통해 교훈을 얻는다. 하지만 사람을 통해 더 많이 배울 수 있다. 낭독 후 각자가 만든 질문으로 토론을 하거나, 감명 깊은 구절, 자신의 삶과 연결되는 부분으로 대화를 나눈다면 혼자 읽는 것보다 훨씬 유익하다. 다른 사람을 통해 미처 생각하지 못한 내용을 깨닫게 되고, 한 가지 내용에서 여러 생각을 나눌 수 있다. 오른쪽 표는 독서 토론 전문가 질문배움연구소 김혜경 소장의 『하브루타 질문 독서법』에 나오는 독서 토론 활동지이다. 독서 토론 시 유용하게 활용할 수 있다.

필자는 교사 낭독 모임에서 조선통신사 사절단 일원으로 참석했던 김인겸의 『일동장유가』를 읽은 적이 있다. 운문과 산문의 중간 형태인 장편 가사(歌辭) 형식으로, 고어(古語) 표현이 많아 꽤 이해하기 어려웠다. 하지만 낭독 모임을 통해 읽다 보니 모르는 부분은 아는 사람이 설명해 주고, 서로의 생각을 나누면서 자연스럽게 완독할 수 있었다. 독서에 그치지 않고 책에 나오는 조선통신사 일행이 거쳤던 일본의 몇 개 지역을 답사하면서 조선통신사에 대해 더 많이 이해하는 계기가 되었다. 학생 낭독 모임을 효과적으로 운영하기 위한 유의점은 다음과 같다.

도서명		일시	
참가자		이끎이	

느낌 나누기	표지나 제목 등을 처음 보았을 때 느낌과 읽은 후의 전체적인 느낌 한마디
문장 나누기	마음에 드는 문장을 옮겨 쓰고, 그 이유
삶과 연결하기	책의 내용과 비슷한 경험 혹은 가족, 친구, 사회 현상, 다른 책과 연결 짓기
질문하기 – 생각 나누기	책을 읽으면서 궁금했던 나만의 질문 3가지
메시지 – 버츄(미덕)	독서와 하브루타를 통해 느낀 점, 깨달은 점, 실천할 점, 버츄(미덕) 단어
소감 나누기	하브루타 독서 토론 후의 소감 한마디

첫째, 교과와 연계한 책을 고른다. 예를 들어 고등학교 1학년 통합 사회 과목의 경우 행복, 정의와 관련된 대단원이 있다. 행복 단원에서 『행복의 조건 : 하버드대학교 인간성장보고서』, 정의 단원에서 마이클 샌델의 『정의란 무엇인가』를 읽는다. 모두 500쪽 가까이 되는 두꺼운 책이다. 혼자서는 읽기 어렵지만 함께 읽는다면 서로에게 힘을 주면서 모두 읽을 수 있다. 문학 작품의 경우에도 장편 소설은 교과서에 일부만 소개된다. 낭독으로 전체 작품을 모두 읽는다면 작품 이해와 어휘력 향상에도 도움이 된다. 이를 통해 교과서에서 배운 것보다 훨씬 깊이 있게 주제에 대해 생각하고 배울 수 있다. 책을 읽으면서 생긴 질문을 스스로 탐구한다면 학교생활기록부의 좋은 소재가 될 수도 있다.

둘째, 교과서에 등장하는 인물이 쓴 책이나 작품을 읽는다. 예를 들어 윤리 과목에서는 『롤스의 정의론』, 생물 과목에는 찰스 다윈의 『종의 기원』을 읽는다. 교과서에는 사상의 핵심만 1~2페이지 분량으로 요약해서 소개된다. 하지만 그 사상가가 쓴 책을 읽게 되면 훨씬 깊고 풍부한 공부를 할 수 있다.

셋째, 동아리 활동과 연계한다. 고등학교의 경우 자율 동아리를 만들어 함께 활동한다면 효과적이다. 자율 동아리는 정규 동아리와 달리 학생들이 자발적으로 조직하고 운영한다. 그래서 진로가 비슷한 학생들이 모여 운영하는 경우가 많다. 낭독은 이렇게 진로가 비슷한 학생들의 동아리 활동으로 유용하다. 수업에서 배운 내용 중 진로와 연계한 책을 읽게 되면 내신과 생활기록부 두 마리 토끼를 동시에 잡을 수

있다. 또한 고등학교에서 자율 동아리를 만들면 지도교사를 선정하게
된다. 어렵고 두꺼운 책일수록 지도교사를 통해 훨씬 쉽고 많은 도움
을 받을 수 있다. 전문 지식의 도움을 받을 수도 있고, 좀 더 다양한 활
동과 연결할 수도 있다.

넷째, 시험 기간 이후나 방학 때 본격적인 활동을 한다. 학생들은 평
소에 내신 공부, 수행평가, 학교생활기록부를 위한 활동, 인터넷 강의,
학원 등으로 바쁜 일과를 보낸다. 무엇보다 현실적으로 이런 활동이
낭독보다 더 급하고 중요한 일이다. 그런데 시험이 끝난 직후나 방학
때는 마음이 느슨해지고, 공부에 집중하기도 어렵다. 이때 낭독 모임
을 집중적으로 한다. 예를 들어 시험 직후 1주일 동안 빠지지 않고, 하
루에 1~2시간 낭독하면 웬만한 책을 읽을 수 있다.

교정에 도움을 주는 낭독

낭독은 공부뿐만 아니라 글을 교정하는 데 큰 도움이 된다. 서술형
시험, 논술, 자기소개서, 수행평가, 보고서 등 자신이 쓴 글이 평가를
받게 되는 경우가 많다. 이때 오타나 잘못된 표현은 감점 대상이 된다.
자신이 쓴 글은 눈으로만 읽으면 익숙한 탓에 잘못을 발견하기 어렵
다. 하지만 소리 내어 읽게 되면 한 자 한 자 집중하게 되어 잘못된 표
현을 찾아낼 수 있다. 또한 전체적인 글의 흐름과 자연스러움을 파악
하는 데 도움이 된다.

유시민 작가는 『글쓰기 특강』에서 이렇게 말한다. "어떻게 하면 잘못 쓴 글을 알아볼 수 있을까? 쉽고 간단한 방법이 있다. 텍스트를 소리 내어 읽어 보는 것이다. 만약 입으로 소리 내어 읽기 어렵다면, 귀로 듣기에 좋지 않다면, 뜻을 파악하기 어렵다면, 잘못 쓴 글이고 못나고 흉한 글이다."

한국교육과정평가원에서 출제하는 시험은 반드시 낭독으로 확인한다. 검정고시, 모의 수능, 수학능력시험 등은 작은 오류가 큰 사회 문제가 된다. 따라서 실수가 용납되지 않는다. 이때도 관련자들이 함께 낭독하면서 오류 여부를 검토한다. 심지어 괄호, 마침표, 쉼표, 물음표 등도 소리 내어 읽음으로 작은 실수라도 미연에 방지한다.

필자도 책을 쓰거나 다른 사람에게 보이는 글을 쓸 때는 최종 단계에서 반드시 소리 내어 읽어 본다. 읽다 보면 마치 물이 흐르다가 바위에 부딪친 듯 어색한 부분이 나온다. 그때는 다시 읽으면서 자연스럽게 표현을 바꾼다. 일기를 제외한 대부분의 글은 다른 사람이 보는 글이다. 내가 읽기에 자연스러워야 다른 사람이 읽어도 자연스럽다. 편안하게 읽히는 글이 좋은 글이다.

낭독의 실천

낭독의 효과는 뇌 과학과 공신들의 경험에 의해 검증되었지만 우리 현실에서 늘 낭독으로 공부하기란 어렵다. 도서관이 이스라엘처럼 시끄럽지도 않고, 자신의 방에서만 공부하는 것도 아니다. 또한 책을 소리 내어 읽으면 시간이 오래 걸리므로 비효율적이라는 생각을 가질 수도 있다. 하지만 처음 글자를 익히는 어린아이에게 낭독 습관은 평생 독서의 힘을 길러 준다. 중·고등학생의 경우에도 모든 공부를 낭독으로 할 수는 없지만, 영어 공부나 암기 과목에서 중요 내용을 외울 때 낭독은 가장 효과적인 방법이다.

차를 타고 가면 주위 풍경을 제대로 볼 수 없다. 하지만 천천히 걸어가면 하늘과 바람과 온갖 풍경을 감상할 수 있다. 빨리 읽으면 내용 이해에 급급하다. 오래 기억되지도 않는다. 낭독하면 책 내용에 내 생각이 작용한다. 그때 비로소 책이 내 삶과 교감하게 되고, 한 번도 해본 적 없던 창의적 사고를 하게 된다. 낭독은 천천히 걷는 것과 같다. 낭독을 하겠다는 것은 더 집중해서 읽겠다는 의지의 표현이다. 한 글자도 그냥 흘려보내지 않고 책을 통해 더 많이, 제대로 배우겠다는 다짐의 실천이다.

필자도 수업에서 낭독을 활용하고 있다. 과거에는 필요한 부분을 묵독하게 했는데 지금은 전체가 소리 내어 읽게 한다. 키워드나 중요 내용은 부호나 밑줄 치며 읽게 한다. 그 순간 아이들은 집중하게 되고, 조는 아이도 정신 차리게 된다. 그리고 교사 낭독 모임 등을 통해 일상에서도 낭독 습관을 확대하기 위해 노력한다. 낭독을 처음에 시작하는 것이 중요하다. 해 봐야 효과를 체험한다. 과목이나 공부 내용에 맞게 점차 낭독을 늘려 간다면 달라진 자신의 모습을 확인하게 될 것이다.

2단계 설명하기

남을 가르치면서 학습한 내용이 우리 기억에 더 단단하게 자리를 잡는다.
단순 복습 차원을 넘어 전혀 새로운 시점에서 학습 내용을 바라보게 된다.
학습 내용을 상대에게 설명하여 이해시키려면
정말 다양한 학습 내용을 살피고 고민해야 하기 때문이다.

- 군터 카르스텐(세계 기억력 선수권 대회 챔피언)

메타인지와 설명하기

설명하기는 인지심리학에서 메타인지를 높이는 공부법이다. 이는
암기한 내용을 단순히 내뱉는 것과는 다른 고차원적인 활동이다. 배
운 내용을 기억해야 하고, 기억한 내용을 정리하고, 정리한 내용을 말
해야 한다. 그래서 가르치는 사람이 가장 많이 배우고, 가장 오래 기
억하게 되는 것이다.

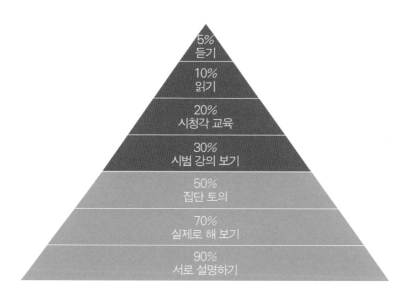

학습 효율성 피라미드

미국 행동과학연구소(National Training Laboratories)의 학습 효율성 피라미드에 따르면 강의를 듣고 24시간이 지난 후에는 5%만 기억할 수 있지만, 서로 가르치기를 할 경우 90%가 기억에 남는다고 한다. 하브루타에서는 자기 생각을 상대에게 설명하는 역할이 중요하다. 제대로 설명하기 위해서는 정확한 이해와 분석이 필요하며, 이를 상대방이 이해하기 쉽게 전달해야 한다. 제대로 알지 못하면 할 수 없는 일이다.

우리나라 메타인지의 최고 전문가인 인지심리학자 아주대학교 김경일 교수는 tvN 「어쩌다 어른」에 출연해서 EBS '상위 0.1%의 비밀' 제작 비하인드 스토리를 밝힌 적이 있다. 담당 PD는 60만 명의 고등학생

중 상위 800명의 비결을 파악하기 위해 일반 학생 700명과 IQ, 기억력, 연산력, 부모님의 학력과 소득, 사는 지역, 특목고 여부 등 다양한 비교 조사를 했다. 그런데 문제가 생겼다. 여러 항목을 비교해도 의미 있는 차이점을 발견하지 못한 것이다. 즉 0.1%의 비밀은 없다는 것이다.

그래서 김경일 교수를 찾아와 해결책을 찾았는데, 그때 김경일 교수가 제시한 것이 메타인지이다. 3장에서 설명한 메타인지 실험에서 본 바와 같이 일반 학생과 0.1% 학생이 기억한 수는 비슷했지만, 자신이 기억한 단어 수를 예측하는 테스트에서 확연히 차이가 났다. 일반 학생보다 0.1% 학생들은 자기가 아는 것과 모르는 것을 정확히 아는 메타인지 능력이 뛰어난 것이다.

김경일 교수는 실험 결과를 보고 다음과 같이 말한다. "세상에는 2가지 종류의 지식이 있다. 첫 번째, 안다는 느낌은 있지만 설명을 못하는 지식, 두 번째, 내가 안다는 느낌도 있고, 설명도 할 수 있는 지식이다. 두 번째가 진짜 지식이다. 첫 번째는 메타인지에 속고 있는 것이다." 그리고 인간의 설 곳을 빼앗을 위협적인 존재로 조명되는 인공지능에 대해 "인공지능이 절대 이길 수 없는 인간의 능력이 있다. 이것이 바로 메타인지다."라고 말했다.

PD는 실험 후 바로 0.1% 학생들이 학교와 일상생활에서 무엇을 많이 하는가를 조사했다. 그 결과 설명을 더 많이 한다는 결론을 내렸다. 그들은 친구의 질문에 설명해 주는 경우가 많았다. 1시간 설명 중 말문이 막히는 횟수를 조사한 결과, 대략 12번 정도 나왔다. 제대로 알지 못했던 부분이다. 그들은 1시간 설명하면서 제대로 모르는 것을 12개씩 알아 가는 것이다. 이것이 바로 0.1%의 비결이라고 김경일 교수는 말한다.

EBS 「학교란 무엇인가」 '0.1%의 비밀' 편에는 우등생 공부 방법이 소개되는데 설명하기가 많다. 해우는 엄마에게 설명하면서 공부한 내용을 체계적으로 정리한다. 공부 후 엄마를 불러서 앉혀 놓고 마치 수업을 하듯 칠판에 내용을 적으면서 설명한다. 시험 볼 때 엄마에게 했던 이야기나, 칠판에 적었던 내용이 떠오르는 경우가 많다고 한다. 태화는 친구를 가르치면서 다시 한 번 기억한다. "친구에게는 도움이 되겠지만 자기 공부 시간을 빼앗기는 것이 아닌가?"라는 질문에 그는 "설명하다 보면 흐트러져 있던 내용이 끝에 가서 개념이 잡히고, 어려운 내용을 물어 오면 자신이 미처 생각하지 못했던 부분을 알게 되며, 알았다고 생각하고 넘어갔던 부분도 다시 한 번 볼 수 있어 도움이 된다."라고 말한다.

우리나라 교육 문제를 다루어 화제가 되었던 JTBC 드라마 「SKY 캐슬」에서도 설명하기 효과가 나온다. 과외교사 혜나는 성적이 낮은 예빈에게 칠판에 직접 수학 문제를 설명하면서 풀어 보게 한다. 예빈이는 설명한 후 혜나에게 "내가 직접 가르쳐 보니까 진짜 확실히 알겠어."라고 말한다. 또 수한이 엄마가 우주 엄마에게 우주가 공부 잘하는 비결을 가르쳐 달라고 조르는 장면이 나온다. 이때 우주 엄마가 가르쳐 준 방법이 배운 내용을 설명하게 하는 것이었다. 둘 다 설명하기가 최고의 공부법이라는 것이다.

강성태도 자신의 유튜브 채널 「인강 보고 나서 하면 효과가 배로 올라가는 공부 방법」 편에서 '설명하기' 효과에 대해 강조한다. 그는 인강을 들은 후 바로 강의 내용을 똑같이 따라 해 보라고 말한다. 벽이나 인형을 보면서 들은 내용을 똑같이 설명하다 보면 미처 제대로 이해하지 못한 부분을 발견하게 된다. 그 부분을 체크해서 따로 공부하거나, 선생님께 질문을 통해서 해결한다. 무엇보다 좀 더 집중해서 강의를 듣는 효과가 있다.

어린아이의 설명하기

일본 메이지 대학교 교육학 교수인 사이토 다카시는 『공신 엄마들의 3가지 말 습관』에서 첫 번째로 즉시 인출하는 습관을 키우는 "지금 말해 보렴."을 꼽았다. 그는 설명할 수 있는 능력은 기억력, 이해력뿐만 아니라 프레젠테이션 능력, 표현력 등 다양한 능력을 발달시킨다고 주장한다. 그 외에 더 하고 싶게 만드는 칭찬의 말인 "대단해, 노력하는 재능이 있어."와 사고 정리 습관을 들이는 말인 "먼저 무엇부터 할까?"를 제시했다.

어린아이의 경우 설명하기를 체험하는 가장 좋은 방법은 그림책을 읽고 부모에게 줄거리를 이야기하게 하는 것이다. 어린아이는 부모가 읽어 주는 책을 듣는 경우가 대부분이다. 하지만 혼자서 글을 읽을 수 있게 되면 역할을 바꾸어 보는 것이다. 그림책을 아이와 부모가 반반씩 읽고, 각자 읽은 내용을 이야기하게 할 수도 있다. 아이가 앞부분을 먼저 읽고 말하게 하면 뒷부분에 호기심과 기대감을 가지고 집중해서 부모의 이야기를 듣게 된다. 또한 부모가 먼저 말하면 아이는 즐거운 마음으로 자기가 이야기할 시간을 기다리며 들을 것이다.

독서나 드라마를 본 후 얼마 지나지 않아 내용을 잊게 되지만, 그 내용을 누군가에게 설명하면 훨씬 오래 기억에 남는다. 아이의 이야기에 부모가 귀를 쫑긋하며 놀라거나 기쁜 표정을 짓는다면 아이에게는 어떤 외적 보상보다 큰 기쁨이 될 수 있다. 이때 부모가 모르는 척 몇 가지 질문을 하면 아이의 생각을 자극하게 되고, 자연스럽게 질문 하브루타로 이어진다.

수업에서 친구 가르치기

강의식 수업의 문제점은 배운 것을 그 자리에서 바로 기억에 저장할 수 없다는 점이다. 듣는 동시에 망각이 이루어지기 때문이다. 친구 가르치기는 수업에서 배운 내용을 짝에게 설명하는 것이다. 배운 내용을 바로 기억에 저장하는 가장 효과적인 수업 방법이다. 짝에게 설명하기 위해서는 제대로 알아야 하고, 배움에 집중하게 된다. 설명하다가 막히면 다시 찾아 알게 된다.

필자는 수업에서 중요한 개념이나 암기해야 할 내용이 많은 단원에서는 '친구 가르치기' 활동을 한다. 수업에서 친구에게 설명하기 활동을 한 학생 중 많은 학생이 자신의 공부 방법으로 설명하기를 활용한다. 특히 스터디 그룹 활동이나 멘토-멘티 활동에서 설명하기를 활용하여 함께 성적이 오르는 경험을 이야기하는 경우가 많다. 신선여고 김윤경 학생의 사례를 소개한다.

하브루타 공부법은 고1이 되어 통합 사회 수업을 하면서 알게 되었다. 이전에는 이런 공부법이 있는지도 몰랐는데 수업에서 해 본 후 재미도 있고 효과도 있어서 나의 공부법이 되었다. 내가 이 공부법을 좋아하는 이유는 떠들면서 공부하는 데 오래 기억하기 때문이다.

초등학교에서 중학교 때까지 늘 손가락이 아프도록, 하얀 연습장이 까맣게 될 때까지 쓰고 또 쓰면서 암기를 했던 기억이 있다. 그런데 시험이 끝나면 까먹기 일쑤이고, 다음 시험 준비할 때 연결 지어 공부하지 못해 어려움이 많았다. 사회, 과학, 기술·가정 등 암기 과목을 공부할 때면 마치 쌓이자마자 바로 없어지는 테트리스 게임 속에 들어와 있는 것만 같았다.

그러나 이번 시험만은 달랐다. 선생님께서 알려 주신 대로 친구에게 설명하면서 공부하니까 쓰지 않고도 암기할 수 있었고, 내용에 '흐름'이 있다는 것을 알게 되었다. 친구에게 설명해야 하니까 책임감을 갖고 공부를 하게 되었다.

집에서는 친구가 없으니 인형 앞에서 설명하고, 부모님 앞에서도 설명을 했다. 머릿속에 더 잘 남았고, 몇 달 전 1학기 때의 사회 내용을 설명하라면 할 수 있을 정도이다. 이 공부법 때문에 핵심을 잘 파악할 수 있게 되었고, 과목별 시간 투자를 효율적으로 할 수 있게 되어 성적도 올랐다. 지금도 친구들이랑 스터디 그룹 활동을 하면서, 친구에게 설명하기를 활용하고 있다. 요즘 공부라는 게 생각보다 재미있는 것 같다는 생각을 자주 하게 된다.

서울대학교에서 발표한 2019학년도 「학생부종합전형 안내」에 소개된 자기소개서 우수 사례를 통해서도 친구 가르치기의 효과를 알 수 있다. 사범대학 수학교육과에 지원한 학생의 자기소개서이다.

학교를 마음껏 즐기고 다니느라 솔직히 말하면 공부가 쉽지 않았습니다. 집중력이 좋다는 소리는 많이 들었지만 공부하러 의자에 앉는 것이 너무 힘들었습니다. 의자에 오래 앉을 수 있는 '엉덩이 힘'을 만들어 준 건 친구들이었습니다. 친구들은 시험 기간에 저에게 질문을 많이 했고, 자연히 농구하러 나가는 시간이 줄고 책상에 앉아 있는 시간이 늘어났습니다. 가르쳐 주는 것도 좋아하지만, 이해한 친구들을 보는 걸 더 좋아했기 때문에 친구들의 질문이 싫었던 것은 전혀 아니었습니다. 저는 자신을 고쳐 보고자 친구들에게 '쉬는 시간 질문 하나 운동'을 하자고 했습니다. 이 운동은 친구들이 질문하려고 수업에 집중하는 효과와 질의응답을 하며 복습하는 효과를 냈습니다. 제가 친구들에게 도움을 받고자 했던 운동이었는데, 친구들도 성적이 향상되며 기뻐하는 모습을 보고 행복했습니다.

칠곡고등학교 김연정 선생님(지리, 현 대구 유가중학교)은 고등학교 수업을 하면서, 모의고사에서 학급의 절반 이상이 1등급을 받게 한 경험으로 국회의사당에서 하브루타 수업 사례 발표를 했다. 선생님은 고3 교실에서 친구 가르치기를 많이 활용했다고 한다. 『하브루타로 교과수업을 디자인하다』에 소개된 실제 수업 사례는 다음과 같다.

- 1단계 학습 목표 제시 : 학습 목표를 제시하고, 해당 단원의 수능 출제 빈도 및 경향을 설명한다.
- 2단계 주요 개념 제시 : 단원별 주요 개념 및 원리를 5~6개 정도 판서하고 강의한다.
- 3단계 친구 가르치기 하브루타 : 짝과 함께 소리 내어 공부하고 서로 번갈아 가며 설명한다. 짝의 설명이 부족하거나 이해가 안 되는 부분이 나오면 짝에게 질문하고 짝이 설명해 준다.
- 4단계 쉬우르 : 한 명씩 교탁으로 나와서 주요 개념을 순차적으로 선생님이 학생에게 설명하듯이 전체 학생에게 설명하게 한다. 오개념이나 잘못된 설명이 나오면 다른 학생에게 설명할 기회를 준다. 재차 학생의 설명이 틀릴 때는 교사가 설명하여 틀리지 않도록 한다. 이때 교사는 학생들의 설명과 질문을 잘 파악하여 무엇을 모르고 어떤 부분을 어려워하는지 확인하고 피드백한다.

설명하기 공부법의 절차

설명하기는 기억력을 높이는 가장 효과적인 인출 공부법이다. 하지만 설명하기 전에 혼자 공부하는 시간도 매우 의미 있다. 누군가에게 설명한다는 것을 염두에 두면 단순히 혼자 기억하면 된다고 생각할 때보다 훨씬 집중력이 향상하기 때문이다. 또한 상대가 있기 때문에 책임감을 갖게 된다. 설명하기 공부법의 절차는 다음과 같다.

첫째, 설명해야 할 내용을 파악한다. 공부한 내용을 모두 설명할 필요는 없다. 10페이지 분량을 공부하더라도 실제로 외워야 할 부분은 2~3페이지 남짓이다. 중요한 내용과 그렇지 않은 내용을 구분하는 것이 성공적인 공부의 열쇠이다. 단원에서 공부해야 할 가장 중요한 내용은 학습 목표에 나와 있다. 학습 목표를 통해 단원에서 내가 꼭 알아야 하거나 성취해야 할 내용을 파악할 수 있다. 그리고 첫째, 둘째 등으로 서술된 문장들은 대부분 중요한 내용이다. 이러한 내용을 중심으로 설명해야 한다.

둘째, 설명해야 할 내용의 키워드를 정리한다. 몇 개의 키워드만으로 전체 내용 파악이 가능하다. 혹시 설명하다가 막히면 키워드를 통해 설명을 이어 갈 수 있다. 키워드를 중심으로 보충 내용을 추가하고, 사례 등을 포함하여 설명할 수 있다. 만약 별도의 메모를 하지 않는다면 형광펜으로 키워드에 표시하는 것만으로도 효과가 있다.

셋째, 기억으로 저장한다. 눈으로 읽으며 외우는 것보다 입으로 말하면서 외우는 것이 효과적이다. 낭독이 기억에 미치는 영향은 앞에서 밝힌 바 있다. 설명하기 위해 외운다면 외울 때도 설명하듯 외우는 것이 좋다. 골프 스윙 연습을 할 때 공을 놓지 않고 자세 연습을 하는 것과 같다.

넷째, 상대에게 설명을 한다. 공부한 내용을 자신이 교사라고 생각하고 다른 사람에게 설명한다. 화이트보드나 A4 용지 등에 필기하면서 설명하면 더 효과적이다. 손으로 필기하고 입으로 설명하면 집중력이 훨씬 높아진다. 이는 신체 여러 부위를 활용하므로 뇌를 활성화하여 기억력을 높인다. 마인드맵이나 비주얼 싱킹(visual thinking) 등으로 내용을 구조화하여 설명하면 전체 흐름 이해에 효과적이다.

다섯째, 역할을 바꾸어 설명한다. 가르치는 사람은 오래 기억하게 되고, 듣는 사람은 교사의 언어가 아닌 또래의 언어를 통해 배우므로 서로에게 도움이 된다. 친구가 경쟁 상대가 아닌 공부 파트너가 되므로 서로 성장하는 계기가 된다.

여섯째, 설명을 마친 후 교재를 보면서 기억하지 못한 내용을 확인한다. 빠진 내용에 밑줄을 치거나, 만약 화이트보드나 종이에 기록하면서 설명했다면 다른 색깔 펜으로 빠진 내용을 추가해서 적는다. 화이트보드에 기록한 내용을 스마트폰으로 찍어 놓으면 필요할 때 언제든 반복해서 공부할 수 있고, 종이에 기록한 내용을 모아 두면 복습하기에 용이하다.

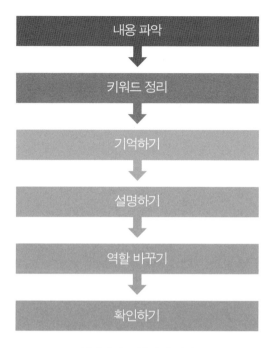

설명하기 공부법의 절차

학습 효과를 높이는 설명법

첫째, 설명하기 전 내용 정리를 할 때 시간을 정한다. 예를 들어 '5분 내로 기억하기', '10분 내로 기억하기' 등이다. 휴대폰의 스톱워치를 설정하면 된다. 시간을 정해 공부하면 훨씬 집중력이 높아진다. 만약 시간 내에 충분한 공부가 이뤄지지 않으면 2~3분 추가한다. 필자도 수업에서 친구 가르치기 활동 전에 스스로 복습할 시간을 준다. 그때 는 반드시 3분, 5분 정도의 시간을 정해 준다. 시간을 알려 주자마자 여기저기서 중얼거리며 외우는 소리가 들린다. 단, 수업에서는 10분 이상을 주지 않는다. 아이들이 10분 이상 집중하기 어렵기 때문이다.

둘째, 교재를 보지 않고 끝까지 설명하기 위해 노력한다. 수업 시간에 학생들에게 설명하기를 시키면 교과서를 중간 중간 보면서 설명하는 경우가 많다. 이렇게 설명하면 기억에서 꺼내는 효과가 줄어든다. 혹시 빠진 부분이 있더라도 끝까지 기억에서 꺼내기 위해 노력하는 것이 오래 기억하는 방법이다. 단, 설명하다 막히면 키워드만 참고하면서 설명할 수 있다. 하지만 책을 보면서 읽듯이 말하는 것은 금물이다. 그리고 설명 후 잠시 교재를 보고 미처 설명하지 못한 내용을 보충하는 방법도 효과적이다.

셋째, 질문을 주고받는다. 수업 시간에 교사에게 질문하는 것은 때로는 용기가 필요한 일이다. 하지만 친구에게는 쉽게 질문할 수 있다. 질문은 하는 사람과 대답하는 사람 모두를 성장시킨다. 질문하는 사람은 모르는 내용을 알게 되고, 대답하는 사람은 설명하는 과정에서 오래 기억한다. 혹시 모르는 질문이 나오면 새롭게 알아 가는 기회가 된다. 정답이 없는 질문의 경우 서로의 생각을 나누는 토론으로 연결할 수도 있다.

누구에게 설명하나?

'설명하기'를 공부에 활용하는 가장 좋은 방법은 친한 친구와 짝을 지어 공부하면서 설명하는 것이다. 성적이 비슷한 경우도 좋지만 약간 차이가 나는 것도 괜찮다. 가르치는 과정에서 공부한 내용을 정리하게 되고, 오래 기억할 수 있기 때문이다. 또한 누군가에게 도움을 주는 행위는 보람과 성취감을 준다. 단, 너무 성적 차이가 크게 나면 시간이 많이 소요되어 비효율적일 수 있다.

친구가 없을 때는 부모님께 설명하는 방법이 있다. 상위 0.1% 학생이 사용한 방법이다. 어머니를 앉혀 두고 화이트보드에 공부한 내용을 적으면서 교사가 설명하듯 공부하는 것이다. 부모는 자녀를 응원하는 마음이 가장 크다. 부모가 들으면서 고개를 끄덕이거나 긍정적 반응을 한다면 설명하는 자녀에게 큰 힘이 되고 자신감을 준다. 인형 앞에서 설명할 수도 있다. 책상 위에 인형을 두고 A4 용지에 내용을 정리하면서 설명한다. 말하기와 기억해서 쓰기를 동시에 실천하며, 다양한 신체 부위를 활용하여 뇌를 활성화할 수 있다.

아무도 없을 때는 설명을 휴대폰으로 녹음하는 것도 효과적이다. 녹음한다고 생각하면 설명할 때 약간의 긴장감과 더불어 훨씬 집중할 수 있다. 또한 시간 날 때 반복해서 듣는다면 복습 효과가 있다. 자신의 말투를 객관적으로 들을 수 있어 면접과 발표에도 도움이 된다. 베스트셀러 작가인 이지성은 『독서 천재가 된 홍대리』에서 자기 분야에서 최고가 되기 위한 독서법으로 "한 챕터씩 요약 정리하고 중요한 내용은 따로 메모하거나 녹음한 후 출퇴근 시간을 이용해 읽고 들으면서 자신의 것으로 소화하라."라고 조언한다.

3단계 기억해서 쓰기

글은 눈으로 보고 입으로 읽는 것보다 손으로 한 번 써 보는 것이 더 낫다.
손으로 쓰면 마음이 따라오게 된다. 20번을 읽어서 외운다고 해도 한 차례
힘들게 써 보는 것이 더 낫다. 핵심을 파악하려면 자세히 살피지 않을 수 없다.

- 이광지(청나라 시대 학자)

백지 복습법

공부할 때 손을 사용하면 뇌에 많은 자극을 준다. 뇌의 각 부분은 신체의 서로 다른 부분을 담당하고 있다. 캐나다의 신경학자 펜필드는 신체 부위를 담당하는 뇌 영역을 크기에 비례하여 그림으로 그렸다. 인간 신체 부위와 뇌 영역의 상관관계를 면적으로 표현한 것이다. 이를 '호문클루스'라고 하는데 손, 입, 발, 눈, 귀의 순으로 크다.

이는 몸의 여러 기관에서 뇌에 가장 많은 자극을 주는 것이 손이라는 것을 의미한다. 따라서 손을 자극하게 되면 뇌 영역을 가장 많이 사용하게 된다. 이는 세계에서 가장 IQ가 높은 나라가 한국·일본·대만 순이며, 모두 젓가락을 사용한다는 것과 무관하지 않다. 더욱이 다른 두 나라는 나무젓가락이지만 우리는 손가락질의 정교함을 요구하는 쇠젓가락을 사용한다. 손 근육과 관절을 미세하게 사용하므로 그만큼 뇌를 넓게 사용하게 된다.

쓰기는 손을 자극하여 뇌를 활성화한다. 하지만 어떤 공신은 수업 시간에 필기하는 것을 추천하지 않는다. 오히려 교사의 설명을 듣는 것을 방해하기 때문이다. 그 대신 공부한 후 기억해서 쓰는 방법을 선호한다. 검색 사이트나 유튜브에 '백지 복습' 혹은 '백지 공부'라고 치면 수많은 공신의 공부법으로 소개된다. 한결같이 힘들지만 가장 효과적인 암기 방법이라고 소개하고 있다.

대학생으로 9개의 공무원 필기시험에 합격하고 경기도 7급 공무원 시험에서 수석으로 합격한 김동혁 군은 하루 공부를 끝내면 잠들기 전에 마지막으로 백지에 그날 공부한 내용을 목차로 써 내려가면서 제대로 외웠는지 확인했다고 한다. 처음에는 몇 자 적지 못해 좌절하기도 했지만, 갈수록 많이 쓸 수 있게 되었다고 한다. 강성태도 『66일 공부법』에서 "연습장에 교재를 안 보고 공부한 내용을 전부 써 본다. 책을 보고 정리하는 것보다 훨씬 시간이 오래 걸리고 힘들지만, 그 내용만큼은 확실히 내 것이 될 수 있다."라고 말한다.

기억해서 쓰기는 백지 복습법으로 자신이 공부한 내용을 교재를 보지 않고 백지에 써 보는 것이다. 이는 인출 연습인 셀프 테스트로, 3단계 설명하기 이후에 실시하면 반복 효과로 오래 기억하게 된다. 설명하기는 입 밖으로 나가면 흩어져 버리지만, 말한 내용을 글로 정리하면 구조화가 되고, 무엇보다 빠진 내용을 통해 기억하지 못한 부분을 명확히 알 수 있다.

기억해서 쓰기 방법

EBS「공부의 왕도」에 출연한 이경빈 양은 '5분 복습 노트 활용법'을 소개했는데, 바로 기억해서 쓰기 공부법이다. 경빈 양은 수업이 끝난 후 쉬는 시간에 책과 노트를 덮은 다음 기억나는 대로 수업 내용을 적었다. 절차는 다음과 같다.

① 빈 종이에 교시와 과목을 적고 당시 배웠던 걸 떠올려 검은 펜으로 적어 본다.

② 떠올리지 못한 내용은 책을 보고 빨간 펜으로 보충해 적어 넣는다.

③ 하교하기 전에 다시 한 번 들춰 본다.

④ 머릿속에 제대로 기억된 내용은 다시 한 번 정리하고, 잘 기억나지 않는 내용은 책을 보며 다시 정리한다. 이때 책을 보며 정리한 내용은 빨간 펜으로 표시해 둔다. 빨간 펜은 반복 학습이 필

요하다는 표시이다.

KBS 「시사기획 창」 '전교 1등은 알고 있는 공부에 대한 공부'에 출연한 전교 1등 강수완 군은 수업 시간에 필기한 내용을 자습 시간에 공부한 후 지우개로 지운다. 그리고 지운 내용을 자신의 말로 옮기는 방식으로 새로 정리한다. 바로 '인출 연습' 공부법이다. 강수완 군이 사용한 방법과 비슷한 것이 화이트 학습법이다. 공부한 내용에서 핵심어를 화이트로 지운 후 빈칸을 채우는 방식이다. 빈 부분을 채우기 위해 기억을 떠올리는 노력이 기억을 강화하는 데 효과가 있다. 효과적인 기억해서 쓰기 방법은 다음과 같다.

첫째, 범주화해서 쓴다. 범주화란 일정한 기준에 따라 분류하는 것이다. 기억 전략으로 범주화 학습법이 있는데, 같은 주제(범주) 단위로 묶어서 기억하는 것이다. 즉 큰 목차를 먼저 적은 후 세부 내용을 적어 나간다. 예를 들어 동양의 행복관에 대해 공부한다면 먼저 유교, 불교, 도가로 범주를 나눈 후 사상가, 핵심 내용, 이상적 인간상 등의 세부 내용을 쓰는 것이다. 이렇게 하면 전체 흐름을 파악할 수 있을 뿐 아니라 세세한 내용도 기억하기 쉽다.

둘째, 기억하지 못한 내용은 교재를 보고 추가해서 적는다. 공부는 모르는 것을 알아 가는 과정이다. 내가 무엇을 모르는지 아는 것이 공부의 출발이다. 이때도 교재를 그대로 베끼기보다는 읽고 기억해서 써야 한다. 이를 위해 범주별로 노트에 여백을 둔다. 미처 기억하지 못한 내용을 여백에 추가할 수 있다. 노트의 한쪽 면에만 기록하고, 반대 면은 여백으로 남겨 둘 수도 있다.

셋째, 다양한 색깔의 펜을 활용한다. 처음 기록한 내용은 검은색, 처음에 기억하지 못해 교재를 보고 기록한 내용은 빨간색, 문제지나 모의고사에서 새로 알게 된 내용은 파란색 등으로 추가해서 적는다. 시험에서 틀린 문제를 계속 틀리는 것처럼 제대로 모르는 내용은 다시 공부할 때도 그냥 넘어가는 경우가 많다. 다시 공부할 때 검은색으로 쓴 것은 가볍게 읽으면서 확인하고, 빨간색이나 파란색 위주로 집중해서 공부하면 된다. 너무 많은 색을 쓰면 혼란스럽게 보일 수 있으니 2~3가지가 적당하다.

넷째, 쓰기 자체에 너무 오랜 시간을 투자하지 않는다. 시간이 오래 걸린다는 이유로 백지 복습법을 꺼리는 경우가 많다. 글씨를 예쁘게 쓰고, 노트를 꾸미는 데 시간을 들이지 않도록 한다. 자신이 알아볼 정도로 쓰면 된다. 문장식으로 일일이 적는 것보다 키워드와 핵심 내용 중심으로 적는다. 단원 내용에 따라 마인드맵이나 비주얼 싱킹을 하는 것도 효과적이다.

다섯째, 과목별로 구분해서 쓴다. 이를 단권화 노트로 활용할 수 있다. 단권화 노트란 과목별로 공부한 내용을 모두 한 권의 노트에 정리한 것을 말한다. 기억해서 쓴 후, 나중에 기출 문제나 모의고사 문제 등을 통해 새로운 내용이 나오면 계속 내용을 추가하는 것이다. 처음

192

쓸 때는 시간이 걸리고 힘들지만, 여러 번 보다 보면 반복 복습 효과에 의해 시간이 얼마 걸리지 않고, 잊히지 않는다.

요약과 수업 일기

기억해서 쓰기를 수업 후 활용하는 방법이 있다. 쉬는 시간에 바로 배운 내용을 요약하는 것이다. 요약은 중요한 요점을 간추리는 것이다. 요약을 잘할수록 수업 내용을 제대로 이해한 것이다. 우리나라 대입 논술의 1번 문제는 대부분 요약하기이다. 입시 특성상 글의 이해나 분석을 묻는 경우가 많다. 요약을 잘했다는 것은 글을 제대로 이해하고 분석했다는 증거이다. 3분 정도의 시간 투자로 효율적인 복습을 할 수 있다. 마인드맵이나 구조화해서 정리하는 것도 좋은 방법이다.

수업 일기를 쓰는 것도 효과적이다. 수업 일기에는 그날 배운 주요 내용, 새로 알게 된 점, 느낀 점, 자신의 삶과 연결하기 등을 쓴다. 이를 통해 복습 효과뿐만 아니라 배운 내용을 삶과 연결하는 의미 있는 공부를 하게 된다. 다음은 고등학교 1학년 통합사회 시간에 필자의 수업 후 학생이 적은 수업 일기 내용이다. 단원은 경제 분야의 합리적 선택이다.

편승 효과, 속물 효과, 베블런 효과에 대해 배우고, 친구들과 예시를 찾아보았다. 편승 효과는 유행 따라 소비하는 것이며, 속물 효과는 남과 다르게 보이고 싶은 심리이다. 베블런 효과는 과시하기 위해 가격이 비쌀수록 소비가 늘어나는 현상이다. 수업하면서 이러한 심리적 효과에 의해 물건을 샀던 경험이 생각났다. 재작년 겨울 롱패딩이 유행해서 샀었다. 하지만 집에 와서 보니 생각보다 예쁘지 않았고, 입다 보니 불편한 점도 있었다. 그해 겨울만 입고 다음에는 꺼내 보지도 않았다. 오늘 수업을 통해 그것이 바로 편승 효과에 의한 충동구매였음을 알게 되었다. 그때 편승 효과에 대해 알았다면 '좀 더 합리적인 소비를 했을 텐데'라는 생각을 했다. 앞으로도 물건을 살 때 너무 다른 사람을 의식하지 않고, 나에게 맞는 개성 있는 선택을 해야겠다고 생각했다.

기억해서 쓰기 효과

첫째, 오래 기억하게 된다. 이는 단순히 강의를 보고 듣는 것보다 훨씬 많은 집중력을 요구한다. 기억해서 쓰기 위해 공부에 더 집중하게 되고, 쓰는 과정에서 복습이 된다. 공부한 내용을 머리에서 꺼내는 '인출 연습'은 망각을 막아 준다. 또한 기존 지식과의 연관성이 강화되어 학습 효과가 높아진다.

둘째, 내용이 구조화되고, 전체 맥락이 분명해진다. 1개의 주제를 공부했다면 보통 3개 정도의 소주제가 있고, 소주제에 대한 상세 내용이 있다. 말로만 설명하면 내용이 명확히 구조화되기 어렵다. 다음에 말할 내용을 기억하기 위해 내용을 빠뜨릴 가능성도 있다. 하지만 쓰는 과정에서 범주화가 이루어지고, 소주제별로 세부 내용이 정리된다. 따라서 더 명확하게 공부한 내용을 이해하게 된다.

셋째, 제대로 기억하지 못한 내용을 알 수 있다. 미처 쓰지 못한 내용이 제대로 모르는 부분이다. 이 부분을 다시 집중해서 공부한다면 빠진 내용 없이 제대로 알게 된다. 이는 일종의 셀프 테스트이며, 공부하면서 동시에 시험을 치는 것과 같다.

넷째, 다음 복습할 때 시간을 단축할 수 있다. 처음 기억해서 쓸 때는 힘들고, 시간이 오래 걸린다. 하지만 다시 복습할 때는 훨씬 짧은 시간만으로도 충분하다. 어차피 시험에 대비하기 위해서는 몇 번의 복습은 불가피하다. 반복할수록 시간은 단축되고, 기억은 탄탄해진다.

이렇게 정리한 노트는 그날 밤 잠들기 전에 훑어보면서 복습하면 장기 기억에 도움이 된다. 하루 동안 공부한 내용은 해마에서 선별되어 일부는 망각되고, 일부는 장기 기억으로 보내진다. 해마는 우리가 잠자는 시간 동안 이 활동을 집중적으로 한다. 낮에 공부한 내용을 잠들기 전에 복습하면 해마는 이 정보를 중요 정보로 인식해서 장기 기억 장소로 보낸다. 따라서 공부한 내용 중 가장 중요하거나 외워지지 않는 내용은 잠들기 몇 분 전에 복습하면 효과적이다.

교육전문가 장준환의 『하루 5분, 뇌과학 공부법』에 소개된 미국의 기억 연구 심리학자 젠킨스(Jenkins)와 달엔바흐(Dallenbach)의 연구에 따르면 공부한 뒤에 바로 자는 편이 기억에 도움이 된다고 한다. 실험 결과에 따르면 공부 후 계속 깨어 있으면 8시간 뒤에 90%를 잊어버리지만, 곧바로 자서 8시간 후에 일어나면 50% 정도밖에 잊어버리지 않았다. 학생들은 잠들기 전 하루의 마지막 휴식으로 폰을 보는 경우가 많다. 잠들기 전 30분 동안, 그날 공부한 내용 중 가장 중요한 것을 훑어본다면 기억에 도움이 된다.

코넬 노트 활용법

코넬 노트는 미국 코넬 대학교 교육학 교수 월터 포크가 학생들의 효율적인 학습을 위해 고안한 세계적으로 알려진 노트 필기법이다. 원래 코넬 노트는 수업 시간 필기를 위한 노트법이지만, 필자는 하브

제목	
키워드	내용
질문	

루타 4단계 공부법에 맞게 기억해서 쓰기 노트로 활용하도록 일부를 수정하였다.

이 노트를 통해 기억한 내용을 쓰거나 보충하고, 공부한 내용에 대한 질문을 할 수 있다. 필요할 때마다 보충하고, 주기적으로 노트를 다시 보면서 복습한다면 효율적인 공부를 할 수 있다. 특히 시험 직전에 키워드나 빨간색 펜으로 적은 부분만 읽어도 유용하다. 코넬 노트는 문구점이나 인터넷에서 쉽게 구입할 수 있으며, 일반 노트에 적절하게 선을 그어 사용해도 된다.

- 제목 영역 : 단원명이나 주제를 적는다. 학습 목표나 공부한 날짜를 적을 수도 있다.
- 키워드 영역 : 핵심 키워드를 적는다. 예를 들어 고등학교 1학년 통합사회 '정의의 실질적 기준' 단원에서 능력, 업적, 필요, 시간 등의 키워드를 적는다. 키워드 사이에 적절한 공백을 주는 것이 좋다. 키워드에 해당하는 구체적인 내용을 오른쪽 내용 영역에 적어야 하기 때문이다.
- 내용 영역 : 기억해서 쓴 내용을 적는다. 완전한 문장으로 적을 필요는 없다. 내용의 요점을 간추린 개요 정리면 충분하다. 주제에 따라 마인드맵이나 비주얼 싱킹 등으로 구조화해서 적을 수 있다. 기억하지 못한 내용이나 새로운 내용을 적을 수 있는 여백을 두는 것에 유의한다.

- 질문 영역 : 질문을 적는다. 코넬 노트에서 원래는 요약 영역이다. 하지만 필자는 하브루타 공부법에 맞게 질문으로 대체했다. 왜냐하면 요약이 최종 정리와 복습의 의미가 있는데 키워드만으로 요약이 가능하고, 질문을 만들기 위해서 내용을 읽는 것만으로 복습이 충분하기 때문이다. 이후 모르는 내용은 교사에게 질문하거나 스스로 탐구한다.

우리 시험은 대부분 공부 내용을 기억에서 인출하는 것이다. 따라서 시험 치는 방식과 같이 기억에서 인출하는 공부를 하면, 눈으로만 읽으며 암기한 공부보다 훨씬 쉽게 정답을 찾을 수 있다. 공부는 했지만 막상 시험 칠 때 헷갈리는 경우는 입력은 했지만 저장 단계에서 문제가 생긴 경우이다. 설명하기와 기억해서 쓰기를 통해 제대로 저장할 수 있다.

4단계 질문하기

아랫사람에게 묻는 것을 부끄럽게 여기지 않는다.[不恥下問]

—공자, 『논어』

왜 질문인가?

우리는 인공지능과 경쟁해야 하는 시대에 살고 있다. 미래학자 유발 하라리가 우리나라를 방문해서 '인공지능이 인류 미래에 끼칠 영향'에 대해 다음과 같이 말했다. "현재 학교에서 아이들에게 가르치는 내용의 80~90%는 그들이 40대가 됐을 때 전혀 쓸모없을 확률이 높다. 어쩌면 지금 아이들은 선생님이나 연장자에게 배운 교육 내용으로 여생을 준비하는 게 불가능한 역사상 첫 세대가 될지 모른다. 우리가 아이들에게 가르쳐 줄 가장 중요한 기술은 '어떻게 해야 늘 변화하면서 살 수 있을까?', '어떻게 해야 내가 모른다는 사실을 직면하며 살 수 있을까?'일 것이다."

서울대학교 교육학과 신종호 교수는 울산교육청 강연을 통해 미래교육에서 '메타학습(Meta-learning)'의 중요성을 강조했다. 그는 불확실성이 특징인 미래사회에서 과거와 현재의 지식을 학습하는 것의 효용 가치가 낮아질 수밖에 없으며, 이 상황에서 학생들에게 '학습하는 방법을 알게 하는 것(learn how to learn)'을 가르쳐야 한다고 말했다.

유발 하라리가 말한 '변화 시대에 살 수 있는 방법'과 신종호 교수의 '메타학습'을 위한 공부가 바로 질문이다. 인공지능을 이기기 위해서는 인공지능이 할 수 없는 일을 해야 한다. 정답은 인공지능이 알고 있다. 문제에 대한 정답을 찾는 공부가 아니라 질문을 찾는 공부가 되어야 한다.

미래교육 전문가인 스탠퍼드 대학교 폴 김 교수는 tvN「질문으로 자라는 아이」에서 21세기 인재의 가장 중요한 조건은 질문 능력이라고 주장한다. 질문을 통해 배움과 혁신, 사회와 국가의 변화를 끌어낼 수 있다는 것이다. 아인슈타인도 "질문이 정답보다 중요하다. 곧 죽을 상황에 처해 단 1시간의 시간이 내게 주어진다면, 나는 55분을 질문 찾기에 할애할 것이다. 올바른 질문은 답을 찾는 데 5분도 걸리지 않게 한다."라고 말하기도 했다.

낭독하기, 설명하기, 기억해서 쓰기는 텍스트를 이해하고, 오래 기억하고, 지식을 축적하는 공부이다. 4단계 질문하기는 축적된 지식을 바탕으로 사고의 질적 융합을 통해 창의·비판적 사고를 만드는 과정이다. 이를 위해 이제까지 공부한 내용을 다시 관찰하는 단계이다. 관찰은 공부한 내용을 꼼꼼히 살펴보는 것을 말한다. 그 가운데 텍스트의 문제점을 파악하고, 배운 내용을 나의 삶과 사회 문제로 연결한다. 무엇보다 더 자세히, 더 깊이 알고 싶은 내용을 찾는다. 1~3단계의 공부가 텍스트에 의한 공부였다면, 4단계 질문하기는 텍스트를 뛰어넘는 진정한 의미의 자기 주도적 공부이다.

질문은 생각하는 힘을 끌어올리는 최고의 방법이다. 질문하는 과정에서 생각하고, 질문에 대한 해답을 찾기 위해 생각한다. 그래서 탈무드에서는 "묻고 답하는 중에 인생의 진리를 발견하게 된다. 묻지 않는 자는 귀를 닫고 살겠다고 작정한 미련한 인간이다."라고 말한다. 필자는 윤리 수업에서 '너 자신을 알라.'는 말로 질문을 만들게 했다. 아이들은 다음과 같은 질문을 만들었다.

- 나를 왜 알아야 하는가?
- 나의 무엇을 알아야 하는가?
- 나는 나에 대해 잘 알고 있을까?
- 나를 알기 위해 어떻게 해야 하는가?
- 소크라테스는 왜 이 말을 했을까?

- 소크라테스는 왜 명령조로 말을 했을까?

이 질문으로 학생들의 토론에서 어떤 대화가 오고 갈지를 생각해 보라. 소크라테스 철학을 백 마디로 설명하는 것보다 질문으로 대화하게 하면 학생들은 저절로 생각하는 철학자가 된다. 이것이 바로 질문의 힘이다.

그런데 우리는 질문하기보다는 정답을 찾는 공부를 하고 있다. 대부분의 정답은 인공지능이 알고 있다. "어떤 철학가는 왜 그런 생각을 했을까?", "그 사상에 문제는 없을까?", "나라면 어떻게 생각했을까?", "다른 방법은 없을까?"라는 질문을 하고, 그 질문에 대한 해답을 찾는 공부를 한다면 인공지능을 이기는 공부를 할 수 있다.

조선일보에 'AI 시대 자녀 교육 10계명'이라는 기사가 소개된 적이 있다. '첫째, 구글이 답할 수 없는 질문 능력을 키워라. 둘째, 'Why not?' (안될 게 뭐야?) 'What if?'(만약에⋯)를 아이 마음속에 심어라'였다. 그 외 감성과 언어 능력, 커뮤니케이션, 독서, 상상력 등이 나왔다. 기사에 따르면 미국 스탠퍼드 대학교에서는 전 세계 학생들을 대상으로 어떤 질문이든 할 수 있는 홈페이지를 운영 중이라고 한다. 질문이야말로 AI가 할 수 없는 일이기 때문이다. 아이들이 던지는 천진난만한 질문 속에서 세상을 바꿀 수 있는 '빅 퀘스천(Big Question)'이 나온다는 것이다.

상상력을 이용해 질문을 던지고 AI에게 답을 찾게 하는 것은 결국 인간이다. 따라서 정답을 빨리 맞히는 교육보다 근원적 질문을 하는 연습을 통해 상상의 폭과 사고의 깊이를 넓혀줘야 한다. 『좋은 질문은 해답과 같은 힘을 지닌다』에서 권민창은 질문의 장점을 5가지로 제시한다.

① 두뇌가 활성화된다.
② 창의성과 상상력을 극대화해 준다.
③ 원하는 답을 얻을 수 있다.
④ 고정관념을 타파하여 다양한 관점에서 현상을 볼 수 있게 해 준다.
⑤ 생각을 확장시켜 주고 우선순위를 결정해 주며 머릿속을 정리해 준다.

질문으로 대화하기

어릴 때부터 질문하는 습관을 길러 주어야 한다. 질문하는 습관은 아이의 질문에 대한 부모의 응답 태도에 달려 있다. 말문이 트이고 초등학교에 입학하기 전에 아이들은 가장 많은 질문을 한다. 이때 쏟아지는 질문에 대한 적절한 대응은 아이의 정서와 사회성 발달, 지적 능력과 어휘력을 좌우한다. 귀찮아하지 않고 아이의 질문을 존중해 주는 것이 가장 중요하다.

부모와 함께 책을 읽으면서 자연스럽게 질문을 주고받는 것이 가장 좋다. 아이가 계속 질문할 때도 흐름이 끊어진다고 생각하지 말고, 가능한 답변해 주는 것이 바람직하다. 왜냐하면 아이들의 호기심은 그

순간이 지나면 해결될 수 없고, 오히려 아이들은 부모가 자기 욕구를 무시하는 것으로 생각할 수 있기 때문이다.

또한 부모는 아이가 제대로 읽었는가를 확인하는 태도를 가져서는 안 된다. 아이가 부모와의 대화를 기피할 수도 있다. 가능한 생각을 표현하도록 하는 것이 바람직하다. 아이의 질문에 대해서 평가하려는 태도보다 어떤 질문이든 받아 줄 수 있는 개방적 태도가 필요하다. 아이가 자기 생각과 감정을 자유롭게 표현하고, 호기심을 말하는 분위기를 만드는 것이 어릴 때부터 질문하는 습관을 갖게 하는 전제이다.

부모의 질문에 따라 아이의 사고력이 달라진다. 정답을 묻는 질문은 아이의 생각을 멈추게 한다. 미처 대답하지 못했을 때 아이는 위축된다. 생각을 묻는 질문은 사고력을 키운다. 다른 질문이 다른 아이로 자라게 한다. 또한 평소 아이의 질문에 바로 부모가 알고 있는 답을 제시하는 것보다 "너는 어떻게 생각해?"라고 되물어 보는 것이 좋다. 질문은 답을 찾는 과정일 뿐만 아니라 생각을 키우는 과정이기 때문이다.

아이들은 책을 읽는 것보다 부모와의 대화에서 더 큰 흥미를 느낄 수 있다. 아이의 질문과 대답에 대한 부모의 적절한 칭찬과 반응은 아이에게 성취감과 자신감을 갖게 한다. 이는 자연스럽게 독서 습관을 키우고, 일상생활에서 다양한 질문과 탐구 활동으로 이어질 수 있다. 독서 후 아이와 다음과 같은 질문으로 대화를 나눌 수 있다.

– 이 책 재미있었어?

- 어떤 내용이 재미있었어?

- 주인공은 왜 그렇게 행동했을까?

- 주인공의 행동에 대해 너는 어떻게 생각해?

- 만약 다르게 행동했다면 어떻게 되었을까?

- 너라면 어떻게 행동했을까?

- 네 생각은 어때?

- 왜 그렇게 생각해?

쉽게 질문 만드는 방법

질문 만들기는 성적과 실력을 함께 올리는 공부이다. 질문하는 공부는 텍스트에 대한 이해력을 높여서 성적을 올린다. 책을 읽으면서 질문하는 자체가 단순히 읽는 것보다 고도의 집중력과 사고력을 요구하기 때문이다. 또한 질문하는 공부는 4차 산업혁명 시대에 필요한 역량인 창의력과 비판력을 높일 수 있다. 질문하는 행위 자체가 수동적인 공부가 아닌 텍스트를 뛰어넘는 공부이기 때문이다. 수업에서 질문 만들기를 할 때 학생들이 어려워하는 경우가 종종 있다. 이때 다음과 같은 방법으로 질문을 만들게 한다.

첫째, 학습 목표의 키워드로 질문을 만든다. 학습 목표는 수업에서 학생이 배우고 성취해야 할 내용을 제시한다. 따라서 학습 목표의 키워드로 질문을 만들면 수업 내용 이해에 도움이 된다. 예를 들어 고등학교 1학년 통합사회 과목 행복 단원에는 '시대와 지역에 따라 다르게 나타나는 행복의 기준을 이해할 수 있다.'라는 학습 목표가 제시되어 있다. 키워드는 행복의 기준, 시대, 지역이다. 키워드만으로 다음과 같은 질문을 만들 수 있다.

- 행복의 기준은 왜 시대마다 다를까?
- 행복의 기준은 왜 지역마다 다를까?
- 우리나라 사람들의 행복 기준은 무엇일까?
- 조선시대와 현대인의 행복 기준은 어떻게 다를까?
- 우리와 북한 사람의 행복 기준은 어떻게 다를까?
- 청소년이 가장 행복한 나라는 어디일까?
- 시대와 지역에 상관없는 행복의 보편적 기준은 무엇일까?
- 행복의 기준은 주관적일까? 객관적일까?
- 내가 생각하는 행복의 기준은 무엇인가?
- 왜 행복의 기준을 배워야 하는가?

둘째, 가장 중요한 문장으로 질문을 만든다. 책을 읽으면서 중요한 문장을 선택하는 능력을 키우는 것은 굉장히 중요하다. 보통 문단의 첫 문장에 두괄식으로 제시되거나, 첫째, 둘째 등의 다음에 나오는 문장이 중요하다. 예를 들어 고등학교 1학년 통합사회 '행복한 삶의 실현을 위한 조건' 단원에 '민주주의 지수 순위가 높은 나라들이 대체로 행복 지수에서도 높은 순위를 차지하고 있다.'라는 문장이 나온다. 이 문장으로 다음과 같은 질문을 만들 수 있다.

- 왜 민주주의가 발달할수록 행복한가?
- 민주주의 발달의 조건은 무엇인가?
- 우리나라는 민주주의 국가인가?
- 민주주의 지수는 누가 정하는가?
- 민주주의 지수의 기준은 무엇인가?
- 독재 국가의 국민은 왜 행복하지 않을까?
- 북한 주민은 행복할까?
- 민주주의가 발달하지 못한 조선시대 사람들은 행복하지 않았을까?

셋째, '왜?', '만약에', '나라면?'으로 질문을 만든다. '왜?' 질문은 단순히 외우는 공부가 아닌 이유를 생각하게 한다. '만약에' 질문은 다양한 입장에서 생각하게 하고, 상상력을 키운다. '나라면?' 질문은 수업을 자신의 삶과 연결하게 한다. 예를 들어 '행복' 수업에서 '왜?', '만약에', '나라면?'을 통해 다음과 같은 질문을 만들 수 있다.

- 왜 행복해야 하는가?
- 왜 우리나라 사람의 행복도가 낮을까?

- 왜 부탄은 낮은 소득에도 행복도가 높을까?
- 만약에 입시 경쟁이 없다면 행복해질까?
- 만약에 통일이 된다면 행복해질까?
- 만약에 돈을 많이 번다면 행복해질까?
- 나는 지금 행복한가?
- 나는 무엇을 할 때 행복한가?
- 나는 최근 언제 가장 행복했나?
- 나는 행복을 위해 지금 무엇을 해야 할까?
- 나는 미래의 행복을 위해 지금 고통을 감수하는 것이 당연한가?

라파엘의 질문 모형

라파엘(Raphael)의 '질문-대답 관계(Question and Answer Relation)' 모형은 이야기 형식에 적합한 질문 모형이다. 스토리가 있는 국어 교과서나 문학 작품 등을 읽고 단계별 질문을 만들면 작품 이해에 도움이 된다. 텍스트를 읽으면서 각 단계에 맞는 질문을 만드는 것이 효과적이다.

이러한 단계적 질문을 통해 작품의 이해를 돕고, 단순히 읽는 것만으로는 할 수 없는 생각을 하게 된다. 무엇보다 공부한 내용을 시험에만 연결하는 것이 아니라 자신의 삶과 연결함으로써 실력을 키울 수 있다. 필자의 『애들아, 하브루타로 수업하자!』에서 소개한 내용은 다음과 같다.

- 1단계 : '바로 거기에' 질문이다. 텍스트 내용을 확인하는 질문으로 답이 텍스트 안에 담겨 있어서, 글의 구조를 따지지 않더라도 답할 수 있는 질문을 말한다. 예를 들어 사람, 장소, 대상, 사건 등의 사실 내용을 확인하기 위한 질문, 낱말과 구의 의미를 묻는 질문, 글의 핵심어를 묻는 질문이 이에 해당한다. 이는 학생 수준에 따라 생략할 수 있다.

- 2단계 : '생각하고 탐색하기' 질문이다. 텍스트에 대한 이해력을 높이는 데 유용한 단계이며, 텍스트의 여러 부분을 결합해야 답할 수 있는 질문이다. 즉 저자가 말하려는 주장이나 근거를 묻는 질문이다. 예를 들어 주인공이 ○○ 상황에서 화를 낸 이유는 무엇인가? 이 글의 주제는 무엇인가? 이 글은 무엇에 관해 설명하고 있는가? 설명을 위해 어떤 근거나 예를 제시하고 있는가? 주인공의 삶을 한마디로 요약한다면? 이들 사이의 차이점과 공통점은 무엇인가? 등의 생각과 탐색이 필요한 질문이다.

- 3단계 : '저자와 나 사이의' 질문이다. 비판력과 사고력을 높이는 단계이며, 나의 선행지식이나 경험과 텍스트 안의 근거를 함께 활용해야 답할 수 있는 질문이다. 예를 들어 저자가 주인공을 통해 말하고자 하는 바는 무엇인가? 그림이나 그래프를 통해 무엇을 말하고자 했는가? 소설에서 저자는 왜 이렇게 결론지었을까? 왜 저자는 이 문제에 관심을 가졌을까? 이 글의 주인공은 어떤 사람인가? 차라리 이것이 더 낫지 않은가? 등 답이 명시적으로 주어

지지 않아 보다 추론적 사고를 통해서만 답할 수 있는 질문이다.

– 4단계 : '나 자신에게' 질문이다. 자신의 삶과 연결하는 질문으로 주제에 대한 자신의 최종 생각이나 주장을 확인하는 질문이다. 예를 들어 내가 주인공이라면 어떻게 할 것인가? 문제에 대한 나의 생각은? 문제 해결을 위한 가장 좋은 방법은 무엇인가? 등과 같이 반드시 자기 생각이나 의견을 사용해야만 답할 수 있는 질문이다. 추론적 사고가 필요하며, 이를 통해 자신의 최종 생각을 정립하게 된다.

필자는 『하브루타로 교과수업을 디자인하다』에서 라파엘의 질문 단계를 다음과 같이 표로 정리했다.

구분	내용	예시
1단계	'바로 거기에' 질문 텍스트의 내용을 확인하는 질문으로 답이 텍스트 안에 담겨 있다.	· 사람, 장소, 사건 등의 사실 내용을 확인하기 위한 질문 · 낱말의 의미를 묻는 질문
2단계	'생각과 탐색하기' 질문 텍스트의 여러 부분을 결합해야 답할 수 있는 질문이다. 즉 저자가 말하려는 주장이나 근거를 묻는 질문이다.	· 이 글의 주제는 무엇인가? · 이 글은 무엇을 설명하고 있는가? · 설명을 위해 어떤 근거나 예를 제시하고 있는가? · 차이점과 공통점은 무엇인가?
3단계	'저자와 나 사이의' 질문 나의 선행지식이나 경험과 텍스트 안의 근거를 함께 활용해야 답할 수 있는 질문이다.	· 저자가 주인공을 통해서 말하고자 하는 바는 무엇인가? · 소설에서 저자는 왜 이렇게 결론지었을까? · 왜 저자는 이 문제에 관심을 가졌을까?
4단계	'나 자신에게' 질문 주제에 대한 자신의 최종 생각이나 주장을 확인하는 질문이다.	· 내가 주인공이라면 어떻게 할 것인가? · 문제에 대한 내 생각은? · 문제 해결을 위한 가장 좋은 방법은 무엇인가?

라파엘 질문 모형으로 황희 정승 이야기에서 다음과 같이 단계별 질문을 만들 수 있다. 단계별로 질문이 명확히 구분되지 않는 경우도 있음에 유의한다.

> 황희 정승이 집에서 책을 읽고 있을 때였다. 집의 여종들이 서로 시끄럽게 싸우다가 한 여종이 황희에게 와서 "아무개가 이러저러한 못된 짓을 했으니 아주 나쁜 년입니다."라고 일러바쳤다. 그녀의 말을 들은 황희는 "네 말이 옳다."라고 했다. 또 다른 여종이 와서 똑같은 말을 하니 황희는 또 "네 말이 옳다."라고 했다. 마침 황희 조카가 옆에 있다가 "아저씨 너무 흐릿하십니다. 아무개는 이러하고 다른 아무개는 저러하니, 이 아무개가 옳고 저 아무개가 그릅니다." 하며 자신이 판결을 하고 나서자 황희는 또 다시 "네 말도 옳다."라고 말하고는 독서를 계속했다.

1단계 : '바로 거기에' 질문

- 황희는 무엇을 하고 있었는가?

- 누가 다투었는가?

- 여종들의 다툼에 황희는 무엇이라고 말했는가?

2단계 : '생각하고 탐색하기' 질문

- 여종들은 왜 싸웠을까?

- 황희의 이야기를 듣고 여종들은 화해했을까?

- 조카는 황희에게 어떤 감정을 가졌을까?

- 왜 황희는 모두에게 옳다고 말했을까?

- 이 글의 주제는 무엇일까?

- 황희가 조카처럼 판결했다면 어떻게 되었을까?
- 옳고 그름의 기준은 보편적인가? 상대적인가?

3단계 : '저자와 나 사이의' 질문
- 저자가 황희를 통해서 하고 싶은 이야기는 무엇일까?
- 왜 저자는 이 이야기를 소개했을까?
- 이야기를 통해 배울 점은 무엇인가?

4단계 : '나 자신에게' 질문
- 나라면 어떻게 했을까?
- 나는 친구나 동생과 다툰 적이 있는가?
- 나는 왜 다투었는가?
- 다투지 않고 다른 해결 방법은 없었을까?

창의성을 키우는 스캠퍼 질문법

스캠퍼(SCAMPER)는 브레인스토밍의 창시자 알렉스 오스본이 만든 창의적인 아이디어 발상법이다. 이를 질문 형식으로 바꾼 스캠퍼 질문법은 기존의 방식에서 벗어나, 다양한 시각에서 사물과 사회 현상을 바라보게 한다.

단계	질문	사례
Substitute (대체, 바꾸기)	A를 B로 바꾸면?	종이 빨대, 종이컵, 수경 재배, 콩고기
Combine(결합)	A와 B를 합치면?	스마트폰, 복합기, 롤러스케이트
Adapt(적용, 응용)	응용해 볼까?	갈고리씨앗 → 찍찍이 수상스키
Modify(수정) Magnify(확대) Minify(축소)	수정(확대, 축소)해 보면 어떨까?	노트북, 대형 TV, 콘택트렌즈
Put to other use (다른 용도)	다른 용도로 사용하면?	우산→양산 포스트 잇, 물안경
Eliminate(제거)	일부를 없애면?	무선 마우스, 수능폰, 디카페인 커피
Rearrange(재배열) Reverse(반대로)	거꾸로 하면? 반대로 하면?	양면테이프

스캠퍼 질문법은 주어진 질문 단계에 따라 자연스럽게 사고의 전환을 유도한다. 따라서 문제나 주제를 스캠퍼 질문에 맞추어 새로운 아이디어가 나올 수 있는지 살펴본다. 예를 들어 스캠퍼 질문에 자전거를 대입하면 다음과 같은 다양한 사례가 나온다.

단계		내용
S	대체	프레임을 알루미늄이나 카본으로 바꾸기
C	결합	자전거에 바구니 달기
A	응용	바퀴 회전으로 솜사탕 만들기
M	수정	커플 자전거, 산악자전거, 유아 자전거
P	용도	헬스 자전거
E	제거	외발 자전거
R	반대	핸들이 뒤에 있는 자전거

스캠퍼 질문은 소설 등 스토리가 있는 내용, 사실이나 사건에 대한 다양한 접근, 발명 관련 분야에서 효과적이다. 꼭 7가지 질문을 모두 만들기보다는 문제에 맞게 2~4개만 활용해도 충분하다. 초등학교 하브루타 사례를 담은 『하브루타 수업 디자인』에서는 '흥부와 놀부'로 다음과 같은 스캠퍼 질문을 소개한다.

바꾸어 보기 질문

- 제비가 아닌 다른 동물이었다면?
- 이 이야기의 배경을 현재로 바꾼다면?

합하기 질문

- 놀부가 흥부 가족과 함께 산다면?
- 놀부의 박에 뭐가 더 있으면 혼이 날까?

응용하기 질문

- 박씨가 아닌 과일씨를 주었다면?
- 이 이야기와 비슷한 이야기는?

수정하기 질문

- 박이 하나만 주어지면 어떤 것을 원할까?

변경하기 질문

-놀부의 아내가 주걱이 아니라 숟가락을 들고 있었다면?

제거하기 질문

-박에 보물이 들어 있지 않았다면?

-흥부한테 자식이 없었다면?

반전하기 질문

-놀부가 먼저 제비 다리를 고쳐 줬다면?

-흥부가 욕심쟁이 동생이었다면?

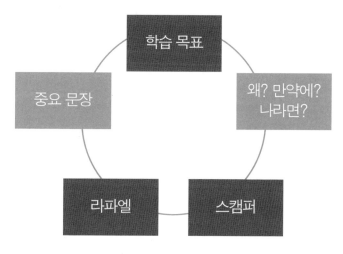

다양한 질문 만들기 전략

과목별 질문 공부

국어 과목에서 문학 작품은 질문으로 공부하기에 가장 적합한 텍스트이다. 작품 속 줄거리, 인물 간의 갈등, 인물에 대한 평가, 자신의 삶과 연결하기 등 다양한 상황에서의 질문은 작품을 이해하고 분석하는 데 도움을 준다. 비문학의 경우에도 질문을 통해 내용 이해와 분석이 용이해진다.

수학 과목에서 질문은 '자신이 푸는 방법 이외에 또 다른 풀이 방법은 없을까?'를 고민하는 것이다. 수학은 하나의 문제에 다양한 풀이 방법이 존재하는 경우가 많다. 이를 고민하고 해결하는 과정에서 훨씬 깊이 있는 공부를 하고, 응용 문제에도 잘 대처할 수 있게 된다.

사회 과목에서 질문을 만들게 되면 다양한 제도에 대한 한계와 문제점 파악이 가능하다. 사회 제도들은 시대에 따라 변해 왔다. 지금의 민주주의와 자본주의도 완벽하지 않으며 수정, 보완되고 있는 제도이다. 질문을 통해 사회의 문제점과 보완책 등을 파악할 수 있다.

윤리 과목에서 질문을 통해 지식으로서의 공부가 아니라 성찰하고 내면화하는 윤리 본래 목적에 도달하는 공부를 할 수 있다. 윤리 과목에는 소크라테스, 공자, 칸트, 이황 등 많은 사상가가 등장한다. 교과서에 이들이 등장하는 이유는 이들의 삶을 통해서 자신의 삶을 성찰하게 하려는 의도가 있다. 하지만 이제까지의 외우는 공부는 이들의 언행과 말들을 단순히 시험용 지식으로 끝나게 했다. 그래서 시험에만 영향을 미치고, 삶에는 아무런 영향도 주지 않게 되었다.

사상가에게 질문하게 되면 상황이 달라진다. 왜 소크라테스가 '너 자신을 알라.'라고 했을까? 왜 칸트는 나쁜 결과가 예상되는 경우에도 보편적인 도덕법칙의 준수를 요구했을까? 벤담이 말한 최대 다수의 최대 행복이 입법 원리가 될 때 그 사회는 정의로운가? 등의 질문을 통해 사상의 배경을 알게 되고 한계도 알게 된다. 유명한 사상가의 주장을 듣고 암기하는 것보다 왜 그 사상가가 그런 주장을 했는가? 그 주장이 과연 정당한가? 문제점은 없는가? 등의 질문을 통해 위대한 사상가와 맞장 뜨는 비판적 사고 능력을 키울 수 있다.

역사 과목에도 질문은 유용하다. EBS 한국사 대표 강사 최태성은 "역사를 공부할 때는 무엇보다 '왜'라고 묻고, 그 시대 사람들과 가슴으로 대화하며 답을 찾아야 한다."라고 말한다. 우리가 역사를 배우는 이유는 과거를 통해서 교훈을 얻고자 함이다. '왜 신라가 삼국을 통일했을까? 고구려가 삼국통일을 했다면 무엇이 달라졌을까? 임진왜란 전에 황윤길과 김성일은 왜 다르게 이야기했을까? 왜 흥선대원군은 쇄국정책을 폈을까? 등에 대한 질문은 시대를 이해하고, 역사 속의 외교 관계를 이해하는 데 도움을 준다. 역사에 대한 질문은 과거를 통해 현재를 성찰하고, 비판력을 키울 수 있다. 또한 위대한 역사는 내면화할 수 있고, 부끄러운 역사는 반성할 수 있다. 특히 유대인들의 강한 민족 정체성이 고난과 아픔의 역사 교육에서 비롯했음을 상기할 필요가 있다.

과학 공부에서 질문은 과학적 사고와 탐구를 위한 출발이다. 코페르니쿠스, 갈릴레오, 뉴턴, 아인슈타인은 위대한 질문을 만든 사람들이다. 자연현상에 대해서 당연하다고 생각하지 않고 질문하고 탐구하는 과정이 바로 과학 발전을 가져왔다. 과학 원리와 이론을 무작정 외우는 것보다 하나의 정답이 아닌 다양한 해답을 찾는 노력이 필요하다. 인류의 위대한 과학 업적은 바로 질문이 만든 결실이다.

미술 작품 감상에도 질문은 유용하다. KBS「대학, 교양에 길을 묻다」에서는 예일 대학교 의학과에서 30년 동안 최고 전공과목으로 꼽히는 수업을 소개한다. '미술 비평' 수업으로 환자를 주의 깊게 관찰하는 능력을 키우기 위한 수업이다. 10분간 그림을 보고, 그림에 대한 설명과 질문을 반복하는 수업 방식이다. 학생들은 그림 속 인물들의 표정, 손과 동작, 자세 등을 관찰해 질문하고 대화를 나눈다. 관찰력이 높아질 뿐 아니라 작품 이해에 도움을 준다.

유명 조각가인 황경숙 수석교사는『질문과 이야기가 있는 행복한 교실』에서 "작품 감상은 학생들의 미적 능력을 키워 주기 위해 중요하며, 이를 위해 질문을 강조한다. 작품에 질문하기가 작품 내용, 작가의 의도, 내 생각까지 찾는 미술 감상에 가장 적합한 방법이다."라고 말한다.

좋은 질문의 조건

필자는『하브루타로 교과수업을 디자인하다』에서 다음과 같이 좋은 질문의 조건을 제시하였다.

첫째, 생각을 물어보는 질문이다. 유대인 교사는 수업에서 "마따오 쉐프"를 끝없이 말한다. "네 생각은 어때?"라는 말이다. 교사는 학생의 생각을 물으며, 생각을 또 다른 질문으로 연결하는 역할을 한다. 정답이 있는 질문보다 생각을 자극하는 질문이 좋은 질문이다.

둘째, 답이 여러 개인 질문이다. 정답이 하나인 질문은 외워서 답할 수 있다. 하지만 이런 질문은 생각을 자극하지 못한다. 따라서 다양한 생각이 도출될 수 있도록 답이 정해져 있지 않은 질문이 좋은 질문이다.

셋째, 찬반 논쟁이 가능한 질문이다. 논쟁이야말로 가장 뇌를 자극하는 활동이다. 자신의 논리로 상대방을 설득하고, 상대방의 논리를 반박하는 활동은 고차원적인 사고력을 요구한다.

넷째, 키워드를 포함하는 질문이다. 학습 목표에 제시되는 키워드는 단원의 전체 내용을 압축하고 있다. 따라서 이를 질문에 포함하게 되면 수업 내용과 계속 연결하게 된다.

다섯째, 삶과 연결하는 질문이다. 모든 공부의 목적은 삶과 연결하는 것이다. 자신의 삶과 연결하고, 사회 문제와 연결하는 질문이 좋은 질문이다.

자기소개서와 질문

공부를 위한 가장 좋은 질문은 지적 호기심을 자극하는 질문이다. 지적 호기심은 문제 해결을 위한 탐구 활동을 동반한다. 독서, 논문,

자료 검색 등을 통해 스스로 문제를 해결하는 노력을 하게 된다. 이것이 바로 자기 주도 학습이다.

서울대학교가 제공한 2019학년도 「학생부종합전형 안내」 자료에 3편의 자기소개서가 소개되어 있다. 이중에 2편이 공부하면서 생긴 궁금증을 해결하기 위해 스스로 탐구한 후, 수업 시간에 발표하거나 보고서를 쓴 내용이다. 먼저 인문대학 국사학과에 지원한 학생의 자기소개서는 질문으로 시작하며, 다음과 같이 구성되어 있다.

① 질문(지적 호기심) : 정의롭다고 알려진 것들은 의심 없이 믿어야 하는가?
② 문제점 발견 : 독서를 통해 공정무역 폐단 인식
③ 자료 수집 : 인터넷을 통한 공정무역 폐단 사례 수집
④ 발표 : 수업 시간에 공정무역 폐단 사례 발표
⑤ 배우고 느낀 점 : 사회 통념에 대한 맹목적 신뢰 문제 반성
⑥ 행동 변화를 위한 노력 : 진로 관련 삶의 자세 다짐

① '정의롭다고 알려진 것들은 의심 없이 믿어야 하는가?'라는 질문은 저의 학업 과정에 있어 큰 의미를 가졌습니다. 그중 한 가지로 공정무역은 말 그대로 공정하다고 생각했으며, 경제 교과서에서도 판매를 통해 얻은 이익을 제3세계 노동자들에게 돌려준다는 짧은 토막글을 보면서 공정성의 의미를 더더욱 의심하지 않았습니다. ② 하지만 도서관에서 '나는 세계 일주

로 자본주의를 만났다'라는 책을 읽고 나서 공정무역에 대한 환상은 완전히 무너지게 되었습니다. 책에서 말하고자 하는 것은 공정무역은 이미 기업의 이윤 창출 수단의 하나로 전락해 버렸고, 제3세계 노동자들의 인권은 전혀 신경 쓰지 않는다는 것이었습니다. 그 사례로 맥도날드와 데어리 밀크 초콜릿은 공정무역 마크를 붙임으로써 큰 마케팅 효과를 얻고 공정무역 재단은 마크를 붙이는 수수료를 조금씩 올리지만, 이들의 수익과 무관하게 제3세계 노동자들에게는 혜택이 돌아가지 않는다고 설명했습니다. ③ 이러한 사실을 알게 되면서 공정무역의 폐단에 대해 경제 시간에 발표 수업을 준비하였습니다. 책에서 소개하는 폐단 말고 인터넷에서 더 많은 사례를 조사하였습니다. ④ 조사 내용을 친구들 앞에서 발표하였고, 이후 큰 고뇌에 빠지게 되었습니다. ⑤ 경제 교과서에서 알려 주는 가장 기본적인 수요와 공급의 법칙을 무시하고 있었다는 점 때문이었습니다. 즉 공정무역은 높은 가격 책정으로 인해, 과도한 공급을 초래하는 근원적인 문제점을 가지고 있다는 점입니다. 교과서에서 알려 주는 사실들을 비롯한 사회적 통념에 관해서 맹목적으로 신뢰한 것과 공정무역에 대해서 발표 수업을 준비할 때도 사례에만 집중했던 것이 문제였습니다. ⑥ 이후에 데카르트가 "의심하고 또 의심하라."라고 말했듯이 당장 눈에 보이는 사실이나 의견에 대해서도 의문점을 던져 보는 학습 태도를 갖추려고 노력하게 되었고, 학습의 본질에 대해 고민하면서 이것이 객관적인 고증을 바탕으로 연구하는 역사학자의 기본자세라고 생각되었습니다.

다음은 공과대학 재료공학부에 지원한 학생의 자기소개서이다. 역시 질문으로 시작해서 해결하는 과정과 도전, 배우고 느낀 점으로 구성되어 있다.

① 배운 내용 : 화학수업에서 n형 반도체
② 질문(지적호기심) : 탄소나노튜브로 n형 반도체를 구성하면 어떨까?
③ 자료 수집 : 도서관과 인터넷, 논문 검색
④ 어려움 해결 : 지식 심화, 확장
⑤ 배우고 느낀 점 : 자신감, 호기심의 중요성

저는 학습적 호기심을 해결하기 위하여 적극적으로 행동하며, 그 과정에서 파생된 또 다른 궁금증을 해소하기 위하여 지식을 확장하고 심화하는 과정의 즐거움을 잘 알고 있습니다. ① 화학 수업을 통해 탄소나노튜브의 전기적 성질과 물리 수업을 통해 태양전지에서 전자를 나르는 n형 반도체에 대하여 배웠습니다. ② 두 내용을 연계하여 '탄소나노튜브로 n형 반도체를 구성하면 어떨까?'라는 질문을 떠올렸습니다. ③ 도서관, 인터넷에서 자료를 찾던 중 염료 감응형 태양전지에 탄소나노튜브가 상대 전극으로 이용되는 것을 알게 되었습니다. 정확한 사용 원리까지는 알 수 없었는데, 마침 학교에서 진행하는 논문 읽기 프로그램이 있어서 프로그램에 참여하여 원리를 파악해 보자고 결심했습니다. 관련 논문을 검색하여 '작업 전극과 상대 전극에 탄소나노튜브를 이용한 염료 감응형 태양전지의 특성연구(김보라

외)'를 읽게 되었습니다. 처음에 논문을 읽는데 논문의 높은 난이도에 충격을 받았습니다. EIS, J-V 특성곡선과 같은 생소한 학술적인 용어 때문에 이해하기 어려웠습니다. 포기하고 싶은 마음도 있었지만, 궁금증을 풀 수 있는 기회를 놓치고 싶지 않았습니다. 그래서 인터넷을 이용하여 쉽게 설명하는 자료들을 찾아 하나씩 이해해 나가기 시작했습니다. 탄소나노튜브에 흐르는 전류 측정 실험에서 그래프에 나타나는 JSC와 같은 용어처럼 정확히 이해하지 못한 것도 있었지만 이 과정을 통해 논문 내용을 처음보다는 수월하게 이해할 수 있었습니다. 그 결과 탄소나노튜브를 작업 전극, 상대 전극에 사용했을 때 저항이 작아지고 전류가 잘 흐른다는 사실을 알 수 있었습니다. ④ 논문 읽기 활동을 통해 궁금증을 해결하려던 과정에 수많은 어려움이 있었습니다. 하지만 주저앉지 않고 계속 도전을 했기 때문에 지식을 심화, 확장시킬 수 있었습니다. ⑤ 넘을 수 없을 것 같았던 산을 넘은 과정에서 자신감을 얻을 수 있었습니다. 그리고 탐구라는 것이 호기심으로부터 시작되며, 열정과 끈기를, 난관을 극복하는 과정임을 배울 수 있었습니다.

두 자기소개서의 공통점을 통해 본, 서울대학교가 생각하는 우수 인재는 2가지 조건을 갖춘 학생이다. 그것은 지적 호기심과 자기 주도성이다. 즉 공부하면서 생긴 호기심을 해결하기 위해, 자기 주도적으로 탐구하는 것이다.

지적 호기심과 자기 주도성은 모두 질문에서 비롯한다. 지적 호기심은 질문으로 표현되며, 공부의 출발이다. 자기 주도성은 질문을 해결하는 과정이다. 질문에 대한 해답을 찾기 위해 책을 읽고 자료를 찾는다. 또한 질문으로 토론하고, 토론한 내용으로 글을 쓴다. 이 모든 과정이 자기 주도 공부이다. 이처럼 공부하면서 질문하고 이를 스스로 해결하는 노력과 자기 주도성은 하브루타를 통해 키울 수 있다.

서울대학교가 요구하는 인재상

　질문은 진정한 자기 주도 공부의 출발이다. 텍스트를 외우고 수용하는 것이 아니라 텍스트를 뛰어넘는 진짜 공부의 시작이다. 이를 위해 배운 내용에서 더 깊이, 더 자세히 알고 싶은 내용을 찾아 스스로 탐구해야 한다. 다양한 자료를 찾아보고, 혼자 깊게 몰입하여 생각하고, 교사에게 물어보는 과정을 거쳐야 한다. 탐구한 내용을 보고서로 써 보고, 수업 시간에 발표한다. 좀 더 깊은 공부를 하면 논문이 될 수도 있다. 그 가운데 지식의 융합이 일어나고, 창의·비판적 사고를 하게 된다.
　조승연은 『공부 기술』을 통해 학문에서 질문의 중요성을 다음과 같이 강조하고 있다. "아리스토텔레스는 '왜?'라는 질문이 인간의 선천적 호기심을 가장 쉽게 표현하는 것이라고 하였다. 세계를 관찰하고 지속적인 호기심을 가지면서 '왜?'라고 묻는 것이 과학이며, 과학을 보고 질문하는 것이 현상학이며, 현상학을 보고 '왜?'라고 묻는 것이 순수철학이다. 순수철학에 대해 '왜?'라고 묻는 것은 인식론이다. 이처럼 공부는 모두 간단한 현상을 보며 '왜 그럴까?'라고 질문하고 대답을 찾는 것에서 시작했다고 볼 수 있다. 우리가 이 세계 안에 사는 만큼, 모든 공부는 우리 주변에 있는 현상에 그 답이 있는 것이다." 이처럼 질문은 모든 학문의 출발이고 해결 방법이다. 그리고 인간이 가진 잠재력을 최대한 끌어내는 공부 기술이다.

5장

□

하브루타
공부 모형

우리나라에서 하브루타가 교육에 전파된 데는 고(故) 전성수 교수의 노력이 크다. 그는 한국 교육의 고질적인 문제를 해결하기 위해 유대인 교육을 연구했으며, 이스라엘과 미국의 유대인 가정을 방문하면서 하브루타를 접했다. 이를 우리나라 학교 현실에 맞게 여러 수업 모형을 개발했다. 질문 중심 하브루타, 논쟁 중심 하브루타, 비교 중심 하브루타, 친구 가르치기, 문제 만들기 하브루타가 그것이다.

이후 다양한 저서와 강연 활동을 통해 우리나라에서 하브루타의 싹을 틔웠다. 현재 전국의 많은 교실에서 적용되고 있으며, 필자도 전성수 교수의 강의와 저서를 통해 하브루타를 처음 접했다.

지금 우리나라 교실에서 하브루타는 수업 모형으로 확산하고 있지만, 원래는 수업 방법이 아닌 공부 방법이다. 엄밀히 말해 지금 대부분의 이스라엘과 미국의 유대인 학교에서는 전성수 교수의 수업 모형에 따라 수업하지 않는다. 전성수 교수는 유대인의 전통적 짝 활동 공부인 하브루타에 우리나라 교실 실정에 맞게 모둠 활동을 추가하였다.

따라서 필자는 전성수 교수의 수업 모형에 바탕을 두고, 우리나라 공부 현실에 맞게 친구와 짝지어 공부할 수 있는 공부 모형을 제시하고자 한다. 이는 필자가 기존에 쓴 책인『애들아, 하브루타로 수업하자!』와『하브루타로 교과수업을 디자인하다』에 소개된 교실 수업에서의 하브루타 내용을 짝 활동 중심으로 정리한 것이다. 각 모형에 적합한 공부 내용을 정리하면 다음과 같다.

하브루타 모형	적합한 내용
질문 중심 하브루타	내용 이해, 비판 읽기, 삶과 지식 연결
친구 가르치기	주요 개념 이해, 오래 기억하기
논쟁 중심 하브루타	찬반 대립 논제에 대한 토론
탐구 활동 하브루타	탐구 활동, 생각 열기, 문제 해결
비교 하브루타	공통점과 차이점 찾기
문제 만들기 하브루타	공부 후 셀프 테스트, 최종 복습
문제 풀이 하브루타	EBS 문제 풀이, 기출 문제 풀이

공부 내용에 맞는 하브루타 모형

질문 중심 하브루타

질문 만들기는 최고의 복습이다. 질문을 만들기 위해 반복해서 읽거나, 집중해서 읽어야 하기 때문이다. 그냥 읽는 것보다 훨씬 깊이 있게 읽게 되어 내용을 이해하기도 쉽다. 또한 질문을 만드는 과정에서 높은 사고력이 발휘된다. 이를 통해 비판적 사고가 가능하다. 따라서 질문을 만들면서 공부하면 텍스트를 단순히 받아들이는 수동적 공부가 아니라 내용을 분석하고, 비판하는 능동적인 공부를 할 수 있다.

질문을 만들고 짝에게 설명하는 과정에서 공부한 내용을 훨씬 잘 정리하는 효과도 있다. 질문을 서로 주고받는 가운데 의문점이 풀리는 경우도 있지만, 이 과정에서 더 깊이 있는 생각을 하게 되는 효과가 크다. 질문한 내용을 더 깊이 있게 알아보기 위해 나중에 더 자세한 탐구 활동을 할 수도 있다. 무엇보다 친구와 토론하는 과정에서 공감하고 소통하면서 혼자서는 생각하지 못한 창의·비판적 사고를 하게 된다.

질문 만들기	+	하브루타 토론
능동적 읽기 생각하면서 읽기 깊이 읽기 비판적 읽기		공감하기 생각 나누기 의사소통 역량 창의·비판적 사고

질문 중심 하브루타 효과

질문 중심 하브루타는 내용을 이해하거나, 배운 내용을 자신의 삶이나 사회 현상과 연결할 때 효과적이다. 따라서 소설이나 시를 다루는 국어, 사회 현상을 다루는 사회, 가치와 사상을 다루는 윤리, 역사적 사실을 다루는 한국사 등의 공부에 유용하다.

공부할 때 질문은 크게 3가지 종류로 구분할 수 있다. 첫째, 가장 기초적인 수준으로 내용 이해를 위한 질문이다. 단어나 문장의 뜻을 묻는 질문, 텍스트를 통해 바로 파악할 수 있는 질문이 여기에 해당한다. 둘째, 사고 확장을 위한 질문이다. 가정하기, 비교하기, 상상하기 등 비교적 높은 사고력이 필요하다. 셋째, 삶과 연결하는 질문이다. 자신 및 사회 문제와 연결하는 질문이며, 성찰과 실천에 이르게 하는 질문이다. 나라면 어떻게 할 것인가? 우리 사회와 어떤 관련이 있는가? 등을 묻는 질문이다.

질문 중심 하브루타 절차는 다음과 같다.

- 1단계 개별 활동 : 각자 교과서를 읽고 질문을 3개 정도 만든다. 여러 개 만드는 이유는 내용에 좀 더 집중하고, 의미 있는 질문을 만들기 위해서이다. 시간 여유가 있으면 각자가 만든 질문을 모두 짝과 토론하면 좋겠지만, 가장 나누고 싶은 질문 1가지를 선택한다.
- 2단계 질문을 짝에게 설명하기 : 각자가 만든 질문 중에서 가장 좋은 질문을 선택한 후 상대방에게 설명한다. 왜 이런 질문을 만들었는가? 무엇이 궁금한가? 등을 말한다. 그리고 질문에 대한 자신의 생각도 함께 말한다. 상대방은 설명을 듣고 친구의 질문에 대한 자신의 생각을 이야기한다. 그리고 친구 설명과 생각에서 궁금한 점이 있으면 또 다른 질문을 한다.
- 3단계 역할 바꾸어 질문하기 : 2단계에서 들었던 사람이 똑같은 방식으로 질문하고, 서로 생각을 나눈다.

- 4단계 더 깊게 알아보기 : 질문 내용에 대해서 더 자세히 알아보는 활동이다. 인터넷을 검색하거나, 관련 책이나 자료를 읽어 보는 활동을 한다. 이 활동은 성적을 넘어 진정한 실력을 향상시키기 위한 것이다. 이 활동은 자기소개서나 생활기록부의 과목세부능력 및 특기사항에 기재할 수 있다.

다음은 수업에서 질문 중심 하브루타를 한 후 학생의 소감문이다.

질문 만들기는 하브루타 수업에서 가장 흥미로운 활동이다. 통합사회 첫 수업에서 선생님이 나눠 준 학습지를 받고 대충 훑어보았는데 '질문 만들기'라는 칸이 눈에 들어와서 처음에는 조금 당황했다. 이제까지 수업은 뭔가 새로운 지식을 배우는 것이라고 생각했는데, 배운 내용에서 추가로 궁금한 내용을 생각하는 수업은 처음이었기 때문이다. 하지만 당황스러움은 하브루타 수업을 진행하면서 바뀌었다. 선생님께 기본 내용에 대한 강의를 듣고, 교과서와 활동지를 보며, 질문을 만들었다. 처음에는 질문 만들기가 어려웠다. 교과서를 여러 번 읽어 보면서 생각을 해야 했다. 몇 개의 질문을 만든 후 짝에게 내가 만든 질문에 대해 설명했다. 그런데 놀라운 것은 질문을 설명하는 과정에서 공부한 내용을 자연스럽게 말하게 되고, 추가로 궁금한 점이 생겼다. 짝 토론을 거쳐 모둠 토론을 하면서 다른 친구의 질문을 살펴보는 과정에서 배운 내용에 대한 이해도가 상승하는 것을 느꼈다. 그리고 각자의 질문에 대해 서로 생각을 주고받는 과정에서 내가 미처 생각하지 못한 내용을 친구들이 말할 때 신기하다는 생각도 했다. 질문 하브루타는 단순히 시험을 위한 공부가 아니라 주제에 대해 탐구하는 공부라는 생각이 든다.

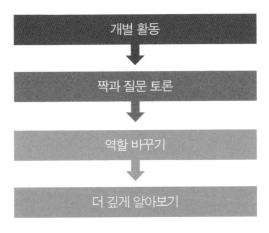

질문 중심 하브루타 절차

친구 가르치기

친구 가르치기는 공부한 내용을 서로 설명하는 하브루타이다. 친구를 가르치기 위해 책임감을 가지고 공부해야 하므로 집중력을 유지하고 오래 기억하는 데 도움이 된다. 또한 자신이 아는 것과 모르는 것을 명확히 아는 메타인지를 키울 수 있다. 친구 가르치기에는 2가지 방법이 있다.

첫째, 공부할 내용을 반으로 나누어 자기가 공부한 부분만 가르치는 방법이다. 수준이 서로 비슷할 때 사용할 수 있으며, 시간이 부족할 때 효율적이다. 그러나 자신이 공부한 부분만 설명하게 되는 단점이 있다.

둘째, 공부한 내용을 친구에게 전부 가르친 후 역할을 교대하는 방법이다. 수준 차가 약간 나더라도 서로에게 모두 도움이 되는 방법이다. 성적이 높은 학생 입장에서는 가르치는 과정에서 좀 더 명확히 알게 되고, 성적이 낮은 학생 입장에서는 친구의 입을 통해 더욱 이해하기 쉬운 용어로 배울 수 있다.

친구 가르치기는 다양한 과목에서 적용할 수 있다. 수학에서 친구 가르치기가 효과적이다. 교사 설명이 어려운 경우 또래 친구의 이해 방법과 설명을 통해 훨씬 쉽게 배울 수 있다. 또한 친구의 풀이를 통해 다양한 풀이 방법을 배울 수 있다. 영어는 친구와 공부하면서 한 문단이나 한 문장씩 독해하면서 설명을 주고받는 방법이 있다. 그 외 사회나 과학 과목에서 암기할 내용이 많거나 기본 개념을 다루는 단원에서도 효과적이다.

서울대 진동섭 입학사정관은 교육전문 주간지 「미즈내일」과의 인터뷰에서 다음과 같이 친구 가르치기의 중요성을 강조한다.

"잘하는 학생이 못하는 학생을 가르치는 건 잘하는 학생 스스로를 위한 행위다. 대학이 평가할 때 지원자에게 동료를 가르쳐 봤는지 묻는 이유는 그 경험이 곧 자신의 지식을 정리하는 계기가 되니 훨씬 발전적이고, 가르칠 때 막히는 부분을 보정할 수 있기 때문이다."

친구 가르치기를 할 때는 다음과 같이 다양한 방법으로 한다.

- 백지에 필기하면서 가르치기 : 필기하면서 손을, 말로 설명하면서 뇌를 함께 사용한다. 손과 뇌는 고등 사고와 가장 밀접한 신체 기관이다. 배우는 사람 입장에서도 눈과 귀를 동시에 사용하며, 필기를 통해 내용을 쉽게 정리할 수 있다. 그리고 필기한 내용은 나중에 복습용으로 활용할 수 있다.
- 일어서서 가르치기 : 학생들은 늘 앉아서 공부한다. 때로는 일어서서 공부하는 것만으로 집중력을 높이고, 분위기를 전환할 수 있다. 가능한 손동작을 크게 하도록 한다. 실제로 예시바 대학교에서 하브루타하는 학생들을 보면 손을 격렬히 움직인다. 적절한 손동작은 집중력과 설득력을 높인다.
- 스승이 제자 가르치기 : 사상가들이 많이 나오는 윤리 과목에 효과적이다. 자신이 공자나 소크라테스가 되었다고 가정하고, 스승의 몸짓과 말투로 제자를 가르친다. 웃으며 공부할 수 있다.

친구 가르치기 절차는 다음과 같다.

- 1단계 개별 활동 : 친구에게 설명하기 위해 집중해서 공부한다. 이

때는 머리로만 공부하기보다 입으로 중얼거리면서 공부하는 것
이 좋다. 낭독 효과로 보다 집중력 있게 공부할 수 있다. 방송국
의 아나운서들도 대사를 외울 때 이런 방법을 많이 사용한다. 또
한 몇 가지 내용으로 구조화하여 공부하면 설명할 때 훨씬 쉽게
인출할 수 있다.

- 2단계 친구에게 설명하기 : 공부한 내용을 직접 친구에게 설명한
  다. 입으로만 하는 것보다 손짓 몸짓을 하면서 설명하면 좀 더 집
  중력 있게 설명할 수 있다. 말로만 하지 않고 백지에 필기하면서
  설명하면 나중에 그 종이로 반복 학습을 할 수 있다.
- 3단계 역할 바꾸기 : 2단계에서 설명한 사람과 듣는 사람의 역할을
  바꾼다. 방법은 2단계와 같다. 2, 3단계에서 배우는 사람은 친구의
  설명을 들으면서 잘 이해가 되지 않는 내용은 질문한다.

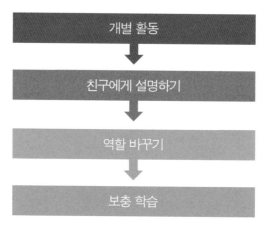

친구 가르치기 절차

- 4단계 보충 학습 : 제대로 설명하지 못한 부분은 교재나 상대방을 통해 다시 한 번 확인한다.

논쟁 중심 하브루타

하브루타는 두 사람이 서로 논쟁하는 활동이다. 마치 법원에서 검사와 변호사가 논쟁하듯이 토론한다. 수업에서 모둠이나 전체 토론을 할 경우 소극적인 학생은 쉽게 토론에 참여하지 못한다. 하지만 친한 친구와 논쟁 중심 하브루타를 하면 서로 생각을 자극하는 토론을 할 수 있다.

뇌가 가장 활성화될 때가 논쟁할 때라고 한다. 상대 주장을 집중해서 들으면서 반박 논리를 만들어야 한다. 그리고 자기주장을 논리적으로 설명해야 한다. 때로는 손동작 등 몸짓도 필요하다. 귀와 입, 손 등 우리 몸의 두뇌 활동과 관련된 기관들이 총출동하게 된다. 논쟁 중심 하브루타 과정에서는 상대 주장에 대한 반박도 좋지만, 질문하는 것도 토론을 이어 가기 위한 좋은 방법이다.

논쟁 중심 하브루타는 다양한 과목 공부에 활용할 수 있다. 윤리 교과서에는 대립하는 주장을 가진 사상가들이 등장한다. 예를 들어 롤스와 노직(분배에 대한 국가 역할), 칸트와 베카리아(사형제 찬반), 칸트와 벤담(의무론과 공리주의) 등의 사상가를 공부한 후 각각 역할을 정해 토론한다. 이때는 자기 생각보다 가능한 그 사상가의 주장을 통해 토론을 이어 가는 것이 효과적이다. 소설에는 갈등 관계에 있는 인물들이 등장한다. 역사 속에는 상반된 입장을 가진 인물이 많다. 사회 과목에도 사회 현상에 대해 다른 입장을 가진 사람들이 있다. 이중 한 사람의 입장이 되어 상대방과 논쟁하면 그 사상가나 인물의 입장을 이해하는 데도움이 된다. 논쟁 중심 하브루타 절차는 다음과 같다.

- 1단계 논제 정하기 및 역할 구분 : 토론 논제에 따라 각각의 역할을 구분한다. 적절한 상황을 논제로 제시하는 것도 효과적이다. 예를 들어 칸트와 벤담의 경우 안락사, 낙태 등의 상황을 제시한 후 의무론과 공리주의 관점에서 토론하게 한다.
- 2단계 인물 탐구 및 근거 정하기 : 자기가 맡은 인물에 대해 집중적으로 탐구한다. 이때 상대 인물에 대한 탐구도 필요하다. 왜냐하면 예상반론과 재반박을 위해서는 상대 주장을 알아야 하기 때문이다. 그리고 자기주장을 위한 근거를 2가지 이상 정한다.
- 3단계 논쟁하기 : 각각의 근거를 제시한 후 반론, 재반박 등의 논쟁을 한다.
- 4단계 역할 바꾸어 논쟁하기 : 입장을 바꾸어 토론한다.
- 5단계 정리하기 : 함께 인물의 근거를 정리한다. 공통점과 차이점이 있을 때 벤다이어그램을 활용해서 정리하면 효과적이다.

다음은 수업에서 논쟁 중심 하브루타를 한 후 학생의 소감문이다.

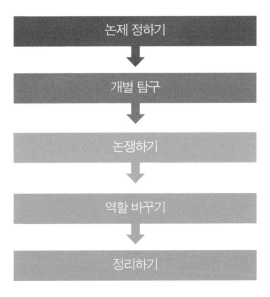

논쟁 중심 하브루타

'행복과 물질' 단원에서 '부유한 국가일수록 더 행복하다.'라는 주제로 논쟁 중심 하브루타를 했다. 논제를 처음 보았을 때는 당연히 그렇다고 생각했다. 돈이 많으면 하고 싶은 일을 할 수 있기 때문이다. 하지만 찬성과 반대 근거를 모두 만드는 과정에서 나와 다른 입장에 대해서도 생각하게 되었다. 나는 찬성 입장에서 복지와 선택권 확대를 근거로 제시했다. 그러나 반대했던 친구의 말이 아직도 생각난다. 가난하면 행복의 기준이 낮아져서 물 한 모금, 밥 한술에 대해 감사하고 행복해하지만, 부유한 사람은 가진 것에 만족하지 않고 더 많은 욕심으로 행복을 느끼지 못한다는 것이다.

논쟁 중심 하브루타를 통해 당연하게 생각했던 것에 대해, 다르게 생각하는 방법을 알게 되었다. 나와 다른 친구 생각을 통해 나의 고정관념이 사라지게 되었고, 다양한 생각의 중요성을 깨닫게 되었다. 대부분의 공부는 지식을 일방적으로 머릿속에 집어넣는다. 다양한 생각의 가능성을 무시하고, 자기 생각의 틀에 따라 깎아서 집어넣는 것과 같다. 만약 그런 식으로 계속 공부한다면 사람들은 자기 생각만 하고, 다른 사람의 말을 경청하지 않을 것이다. 하브루타 수업을 통해 내 생각을 타인에게 설득력 있게 전달하고, 상대방의 반대 의견을 받아들이는 자세에 대해 배웠다.

탐구 활동 하브루타

교과서의 단원별 '탐구 활동'을 하브루타로 해결하는 것이다. 탐구 활동은 수업에서 배운 내용을 바탕으로 사회 문제를 해결하거나, 학습 내용을 심화하는 역할을 한다. 그런데 강의식 수업에서는 그냥 넘어가는 경우가 많다.

짝과 함께 탐구 활동 하브루타를 하게 되면 배운 내용을 활용하여 사회 문제 해결에 적용하여 더욱 깊이 있는 공부를 할 수 있고, 면접 등의 대비에도 효과적이다. 또한 친구와 함께 해결하는 과정에서 자기 생각과는 다른 다양한 해결 방법에 대해서도 알게 된다.

탐구 활동에 나오는 과제는 교과 내용에 대한 깊이 있는 사고를 요구한다. 이러한 탐구 활동은 혼자 해결하는 것보다 함께 해결하는 것이 훨씬 효과적이다. 교육 심리학자 비고츠키는 근접발달영역 이론을 통해서 학습자는 혼자서 해결할 수 있는 것보다 약간 더 어려운 문제를 통해서 학습 효과를 높인다고 주장한다. 다른 학습자와 협동해서 과제를 해결하고, 이 과정에서 대화와 서로의 도움으로 성공적인 학습이 일어난다는 것이다.

사토 마나부 교수의 '배움의 공동체'에서도 높은 수준의 점프 과제를 제시한 후, 모둠 활동으로 해결하게 해서 학습 효과를 높인다. 탐구 활동을 하브루타로 함께 해결해야 하는 이유이다. 절차는 다음과 같다.

- 1단계 개별 활동 : 교과서를 공부한 후 탐구 활동 내용을 풀이한다. 자기 생각만으로 풀이하기보다는 교과서에서 공부한 내용과 연결하여 해결방안을 제시한다.
- 2단계 짝 토론 : 각자가 생각한 해결방안을 설명한다. 각자 생각을 공유한 후 둘 중 좋은 생각을 선택하거나, 보다 발전된 의견을 도출한다. 이 단계에서 자연스럽게 상대 의견에 대해 질문하거나 문제점을 토론할 수 있다.
- 3단계 교과서 복습 : 토론 후 교과서 내용을 다시 읽으면서 미진한 부분을 복습한다.

다음은 수업에서 탐구 활동 하브루타를 한 후 학생의 소감문이다.

수업에서 왈처의 공동체주의 정의관에 대해 배웠다. 교과서 탐구 활동에 나온 '왈처의 관점에서 볼 때, 부정의에 해당하는 사례를 한 가지 들어 보자.'라는 문제에 대해 하브루타를 했다. 왈처는 사회적 가치들은 고유한 영역을 갖는다고 주장했다. 부는 경제 영역, 권력은 정치 영역의 사회적 가치이다. 각각의 영역이 지켜지는 사회가 정의사회인 것이다. 처음에는 혼자 사례를 생각했다. 쉽지 않았다. 교과서를 자세히 읽으면서 '경제 활동에서 성공한 사람이 권력을 장악하는 것은 정의롭지 않다.'라는 구절에서 미국 트럼프 대통령을 생각했다. 이어서 모둠 활동으로 각자 사례를 발표했다. 토론 결과 우리 모둠에서는 연예인이 사업에 진출하는 사례를 선정해 학급에서 발표했다. 다른 모둠에서 가수가 연기에 진출한 경우, 재벌 2세의 갑질 행위, 부모의 지위를 이용한 입시나 채용 비리, 정치에 이용하기 위한 일본의 역사 왜곡 등 다양한 사례가 나왔다. 특히 군대를 이용해서 정권을 잡는 사례가 나왔을 때는 딱 맞는 사례라서 소름이 돋았다. 다양한 사례를 통해 처음에 어렵게 느껴졌던 왈처 정의관을 이해하는 데 도움이 되었다.

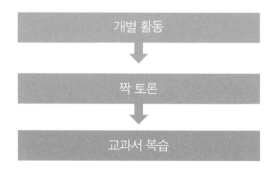

탐구 활동 하브루타

비교 하브루타

2가지 이상의 비교 대상을 두고 공통점과 차이점을 찾는 활동이다. 수능 사회탐구 과목에서 벤다이어그램을 활용한 공통점과 차이점을 묻는 문제가 자주 출제된다. 2015 교육과정 이후 새로운 교과서에서는 이러한 공통점과 차이점을 묻는 학생 활동이 많이 등장한다. 하브루타를 통해 공통점과 차이점을 찾게 하면 교사가 생각한 것보다 훨씬 다양한 생각을 도출할 수 있다. 비교 하브루타 절차는 다음과 같다.

- 1단계 개별 활동 : 교재에 나온 내용을 분석하여 공통점과 차이점을 각각 찾아 노트에 적는다. 가능한 많이 적는 것이 깊이 생각하는 데 도움이 된다.
- 2단계 짝 활동 : 각각 공통점과 차이점을 말한다. 내가 생각하지 못한 내용은 노트에 추가해서 필기한다.
- 3단계 기출 문제 풀이 : 관련 기출 문제를 찾아 풀이한다. 윤리 과목에서는 롤스와 노직의 공통점과 차이점, 사형제에서 칸트와 베카리아, 공리주의 관점 비교, 환경윤리에서 생명중심주의와 생태중심주의 차이, 성리학과 양명학 등에서 기출 문제를 쉽게 찾을 수 있다.

필자의 수업에서 학생 활동 사례는 다음과 같다. 생활과 윤리 과목의 '자유주의와 공동체주의 정의관' 단원에서 국가에 의한 재분배를 강조하는 롤스와 개인의 소유권을 강조하는 노직 관점의 공통점과 차이점을 찾는 탐구활동이 나온다. 이를 비교 하브루타로 해결하게 했다.

	내 생각	· 자유 추구 · 사회적 경제적 불평등 허용
공통점	모둠 정리	· 개인의 자유와 권리 존중 · 모두에게 균등한 기회 부여 · 자본주의 체제 존중 · 자유 시장 경쟁 체제 인정
차이점	내 생각	· 롤스 : 최소수혜자의 최대 이익 보장 · 노직 : 사회적 약자를 위한 복지 세금에 반대
	모둠 정리	· 롤스 : 적극적 국가 역할 · 노직 : 소극적 국가 역할

기출 문제 사례는 다음과 같다. 문제에서 갑은 노직, 을은 롤스이다.

(가)의 갑, 을 사상가들의 입장을 (나) 그림으로 표현할 때, A~C에 해당하는 옳은 진술만을 「보기」에서 있는 대로 고른 것은?

가	갑: 정의로운 사회는 개인의 소유권이 최우선적으로 보장되는 사회이다. 국가는 시민의 안전 보호와 계약 집행의 감독만을 수행하는 최소 국가가 되어야 한다. 을: 정의로운 사회는 공정한 절차를 통해 사회 구성원이 합의한 원칙이 사회 제도의 기반이 되는 사회이다. 정의의 원칙은 원초적 입장에서 합리적인 개인들에 의해 도출될 수 있다.
나	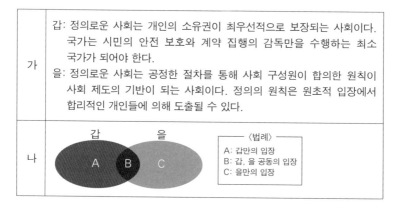

ㄱ. A: 사회적 약자 지원은 전적으로 개인의 자유에 맡겨야 한다.

ㄴ. B: 정의로운 사회에서도 분배 결과는 불평등할 수 있다.

ㄷ. B: 정의로운 사회 실현을 위한 국가의 역할을 인정한다.

ㄹ. C: 기본적 자유의 제한은 공익 증진을 위해서만 허용된다.

① ㄱ, ㄴ ② ㄷ, ㄹ ③ ㄱ, ㄴ, ㄷ

④ ㄱ, ㄷ, ㄹ ⑤ ㄴ, ㄷ, ㄹ

다음은 수업에서 비교 하브루타를 한 후 학생의 소감문이다.

롤스와 노직의 공통점과 차이점을 찾았던 비교 하브루타는 기존 하브루타와는 다른 인상적인 수업이었다. 기존에 했던 배운 내용을 짝에게 설명하기, 질문 만들어 토론하기와는 다른 방식으로 진행되었다. 선생님은 두 사상가의 주장을 설명한 후, 개인별로 교과서를 보며 공통점과 차이점을 찾게 했다. 이후에는 각 모둠에서 서로가 생각한 공통점과 차이점을 발표하고, 그 가운데 미처 자신이 생각하지 못한 친구의 생각은 모둠 활동 칸에 적게 했다. 오픈북 형식으로 교과서에 나온 내용을 찾아 적는 활동인데도, 내가 전혀 생각하지 못했던 내용을 다른 친구가 기막히게 분석해서 발표하는 것을 보고 놀랐다.

토의 규모가 커질수록 더욱 와 닿았다. 처음에는 나 혼자서 생각한 답을 적고, 다음엔 모둠 아이들과 공유했다. 그리고 반 친구들의 생각을 모둠별로 칠판에 적었다. 마지막에 선생님이 여러 반을 거치며 나왔던 다양한 답을 보여 주었다. 이 과정을 거치면서 점점 나의 사고도 커 가는 것 같았다. 또한 선생님이 바로 답을 알려 주는 것이 아니라, 자신이 직접 찾아보고, 친구들과 이야기하며 정리함으로써 내용이 더 기억에 남는 것 같다. 비교 하브루타를 통해 교과서에 나온 지식보다, 다양한 사고 방법을 배울 수 있어 좋았다.

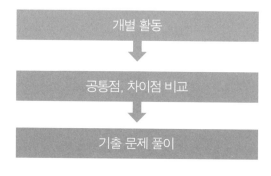

비교 하브루타

문제 만들기 하브루타

직접 시험 문제를 만들어 보는 활동이다. 시험 문제를 만들기 위해 고민하고, 친구에게 묻고 답하는 과정에서 깊이 있는 공부를 할 수 있다. 문제를 만들기 위해서는 공부한 내용을 잘 분석하고, 출제자 입장에서 생각하게 된다. 그리고 묻고 답하는 과정에서 미처 생각하지 못한 내용을 새로 알 수도 있고, 자연스럽게 친구 가르치기 활동을 하게 된다.

이는 박철범의 공부법을 통해서도 입증된다. 그는 『하루 공부법』에서 "나는 시험 기간에 친구와 번갈아 가면서 문제를 내면서 외우는 방식으로 공부를 하면, 그 과목은 거의 100점이 나오고는 했다. 경쟁심도 생기고, 문제를 내면서 어떻게 하면 못 맞힐 문제를 낼까 고민하는 그 과정 자체가 내가 암기하는 데 도움이 됐던 것이다."라고 말했다. 문제 만들기 하브루타 효과는 다음과 같다.

첫째, 복습 효과가 있다. 문제를 만들기 위해 교과서를 꼼꼼히 정독하고 분석해야 한다. 정답과 오답을 만드는 과정에서 교과서를 반복해서 읽고 생각하게 된다. 단순히 교과서를 읽는 것보다 집중력 있는 공부를 하게 된다.

둘째, 설명하기를 통해 오래 기억하게 된다. 문제를 묻고 답하는 과정에서 상대가 모를 경우 자연스럽게 설명하기가 이루어진다. 설명하기는 기억에서 인출하는 활동이므로 장기 기억에 효과적이다. 설명을 듣는 입장에서도 또래 친구의 언어를 통해 설명을 들으면 훨씬 쉽게 내용을 이해할 수 있다.

셋째, 혼자 공부하면서 놓친 부분을 알게 된다. 친구가 낸 문제 중에 별로 중요하지 않다고 생각하여 놓친 부분이 있을 수 있다. 놓친 부분에 대해 교과서로 확인하고, 중요도를 다시 한 번 생각하게 된다. 이를 통해 꼼꼼한 학습이 이루어진다.

문제 만들기 하브루타는 평소 복습 과정에서도 할 수 있지만, 시험 기간에 어느 정도 공부를 마무리한 후 최종 복습 활동으로 하는 것이 효과적이다. 시험 문제를 내는 과정에서, 문제 풀이를 위한 기억 인출 과정에서, 묻고 답하고 설명하는 과정에서 효과적인 마무리 학습이 될 수 있다. 절차는 다음과 같다.

- 1단계 문제 출제 : 공부한 내용이나 시험 범위 내에서 교재를 참고하여 각자 문제를 낸다. 과목이나 범위에 따라 문항 수는 다르겠지만, 일반 복습에서는 3~5문제, 시험 기간 중 최종 복습 단계에서는 10문제 이상을 만든다. 서술형만으로도 출제할 수 있으며, 경우에 따라 선택형을 적절히 포함한다.
- 2단계 묻고 답하기 : 서술형 문제를 서로 묻고 답한다. 만약 정답을 모를 경우 출제 학생은 정답을 설명한다. 이 과정에서 친구 가르치기가 이루어진다. 이후 상대에게 다시 몰랐던 문제에 대한 정답을 설명하게 한다. 그리고 역할을 바꾸어 활동한다. 서술형 문제 풀이가 끝나면, 선택형은 문제지를 교환하여 풀이한다. 풀이 후 틀린 문제에 대해서는 서로 친구 가르치기 활동을 한다.
- 3단계 내용 정리 : 묻고 답하는 과정에서 미처 몰랐던 문제는 교재를 찾아보고 최종 정리한다.

다음은 문제 만들기 하브루타를 한 후 학생의 소감문이다.

시험을 앞둔 마지막 수업에서 선생님이 문제 만들기 하브루타를 한다고 하셨을 때 솔직히 불만이었다. 자습하는 것이 시험 성적에 더 도움이 될 거라고 생각했기 때문이다. 당장 시험을 눈앞에 두고 다른 활동을 한다는 게 불안하기도 했다. 하지만 결과적으로 문제 만들기 하브루타는 성공적인 내신 대비 공부였다. 자신이 선생님이라고 생각하고 시험 문제를 출제하라는 말에 더 꼼꼼하게 문제를 만들게 되었다. 그래서 교과서를 더 꼼꼼하게 읽어 봐야 했다. 또 친구가 낸 문제에 대답하면서 내가 개념을 제대로 이해하고 있는지, 개념을 활용한 문제를 풀 수 있는지를 검증하는 시간을 갖게 되었다. 마지막으로 좋은 문제들을 모둠별로 선별해 반 친구들과 함께 풀어 보는 과정에서 내가 생각한 중요한 부분과 친구들이 생각한 중요 부분을 비교하면서, 개념의 중요도를 다시 재정립할 수 있었다. 혼자 했으면 힘들고 지겨웠을 시험 대비가 친구들과 함께하면서 즐거웠고 뿌듯했다.

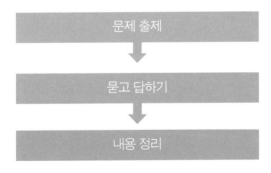

문제 만들기 하브루타

문제 풀이 하브루타

문제 풀이 하브루타는 공부 후 문제 풀이를 통해 최종적으로 자기 실력을 점검하는 것이다. EBS 교재나 기출 문제, 문제집 등으로 친구와 공부할 때 효과적이다. 직접 문제를 푼 후 답지를 보고 점수를 확인하는 것이 아니라 친구와 답을 비교하면서 틀린 문제에 대해 친구 가르치기를 통해 공부한다.

시험을 성실하게 치는 것이 가장 효과적인 공부 방법이다. 내신 성적에 반영되지 않는다는 이유로 모의고사에서 학생들이 시험을 대충치는 경우가 있다. 이럴 경우 틀린 문제를 다음에 또 틀릴 가능성이 크다. 찍어서 맞춘 경우에도 모르고 넘어가게 된다. 하지만 시험을 집중해서 치면 기억에서 떠올리기 위해 노력하게 된다. 또한 자신이 잘 모르는 부분이나 잘못 알고 있는 부분에 대해 정확히 파악할 수 있다. 틀린 문제는 오답 노트를 만드는 활동 등을 통해 집중적으로 공부하게 된다. 따라서 공부한 후 셀프 테스트를 겸한 문제 풀이는 아주 좋은 공부 방법이다. 문제 풀이 하브루타 절차는 다음과 같다.

- 1단계 개별 풀이 : 문제집의 문제를 각자 풀이한다.
- 2단계 정답 맞추기 : 친구와 1번부터 정답을 비교한다. 답이 서로 일치할 경우에는 다음 문제로 넘어간다.
- 3단계 친구 가르치기 또는 논쟁하기 : 서로의 답이 일치하지 않으면 정답을 아는 학생이 친구 가르치기를 한다. 한편 답이 다르고,

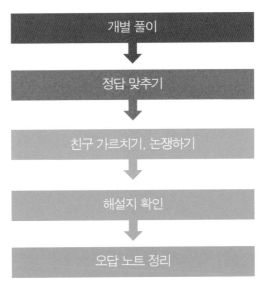

문제 풀이 하브루타

각자의 입장이 명확할 때는 각자 자신이 답을 선택한 이유를 설명하고 논쟁한다.

- 4단계 해설지 확인 : 논쟁에도 불구하고 정답에 합의하지 못하면 해설지를 확인한다. 대부분의 문제집에는 상세한 해설이 있다. 처음부터 해설지를 보게 되면 틀린 내용에 대해 꼼꼼히 분석하지 않을 수 있다. 하지만 친구와 논쟁 이후 해설지를 확인하면 왜 틀렸는지 명확하게 알 수 있다. 가능한 그 부분의 교과서 내용을 다시한 번 찾아보면 훨씬 효과적이다.

- 5단계 오답 노트 정리 : 많은 학생은 틀린 문제를 다시 틀린다. 틀

린 문제를 정확히 분석한다면 자신이 모르는 내용이 그만큼 줄어든다. 따라서 오답 노트를 통해 틀린 문제를 정리한다. 그런데 오답 노트에 모르는 내용을 단순히 기록하는 것만으로는 효과가 떨어진다. 틀린 문제와 관련된 교과서 내용을 다시 한 번 찾아서 확인하고 정리한다. 그리고 비슷한 유형의 문제를 찾아서 풀어 보는 것도 중요하다.

이 책은 세세한 공부 방법에 대한 내용이 아니다. 그런 내용은 강성태, 박철범 등이 쓴 책을 읽어 보기 바란다. 수능과 내신, 과목별 공부법 등이 아주 자세하게 나와 있다. 필자는 공부 방법이 아닌 공부 원리에 대한 책을 썼다. 어떤 일이든 원리를 알면 훨씬 쉽게 배울 수 있다.

이 책에 나온 공부 원리는 이미 탁월한 학문 업적을 낸 유대인과 동서양의 석학들, 우리나라 수능에서 최고의 성적을 거둔 학생들의 공부에서 공통된 부분이다. 그리고 인지심리학과 뇌 과학의 검증을 받은 내용이다. 그것은 인출하기를 통한 지식의 축적과 질문을 통한 지식의 확장이다. 이를 통해 눈앞의 공부 목표인 성적과 미래사회에 요구되는 창의·비판적 사고를 함께 키울 수 있다.

우리는 이제까지 남보다 앞서기 위해 공부를 해 왔다. 그래서 공부는 늘 경쟁이었고 힘든 일이었다. 이제 남보다 앞서는 공부가 아닌, 이전의 나보다 더 나아지는 공부를 했으면 한다. 남과 비교하는 공부가 아닌, 과거의 자신과 비교하는 공부를 하기 바란다. 그러기 위해서는 다른 사람의 도움이 필수적이다. 하브루타는 함께하는 공부이다. 혼자 하는 공부보다 더 많이 생각하고, 더 다른 생각을 하게 한다. 그리고 더 잘하게 한다.

부족한 글을 읽어 주신 독자에게 진심으로 감사의 마음을 올리며, 톰 워샴(Tom Worsham)의 '기러기 이야기'로 여러분을 응원한다.

기러기는 먹이와 따뜻한 곳을 찾아 40,000km를 날아간다.
리더를 중심으로 브이자형을 이루며 날아간다.

가장 앞에 날아가는 리더의 날갯짓은 기류에 양력(날개를 위로 올려주는 힘)을 만들어 주어 뒤에 따라오는 동료 기러기가 혼자 날 때보다 71% 정도 쉽게 날 수 있도록 도와준다.

이들은 먼 길을 날아가는 동안 끊임없이 울음소리를 낸다.
그 울음소리는 앞에서 거센 바람을 가르며 힘들게 날아가는 리더에게 보내는 응원의 소리이다.

만약 어느 기러기가 총에 맞았거나 아프거나 지쳐서 대열에서 이탈하게 되면 다른 동료 기러기 두 마리도 함께 대열에서 이탈해 지친 동료가 원기를 회복해 다시 날 수 있을 때까지, 또는 죽음으로 생을 마감할 때까지 동료의 마지막까지 함께 지키다 무리로 다시 돌아온다.

참고문헌

강성태, 『66일 공부법』, 다산에듀, 2016.

강현식, 『심리학 공부』, 메이트북스, 2019.

고영성, 김선, 『낭독 혁명』, 스마트북스, 2017.

고영성, 신영준, 『완벽한 공부법』, 로크미디어, 2017.

고영성, 조기영, 『우리아이 명시 낭독』, 스마트북스, 2018.

군터 카르스텐, 『기억력, 공부의 기술을 완성하다』, 갈매나무, 2013.

권민창, 『좋은 질문은 해답과 같은 힘을 지닌다』, 함께, 2019.

김경일, 『십대를 위한 공부사전』, 다림, 2018.

김도윤, 『1등은 당신처럼 공부하지 않았다』, 쌤앤파커스, 2018.

김동하, 『천재보다 집중 잘하는 청소년이 성공한다』, 평단문화사, 2017.

김미현, 『14세까지 공부하는 뇌를 만들어라』, 메디치미디어, 2017.

김미현, 『우리 아이의 공부 근육을 키워라』, 허니와이즈, 2015.

김병완, 『공부에 미친 사람들』, 다산북스, 2019.

김보연 외, 『하브루타 수업 디자인』, 맘에드림, 2018.

김정완, 『질문 잘하는 유대인 질문 못하는 한국인』, 한국경제신문, 2018.

김종달, 『미래 인재로 키우는 미국식 자녀교육법』, 책들의 정원, 2019.

김혜경, 『하브루타 질문 독서법』, 경향비피, 2018.

리브카 울머 외, 『하브루타 삶의 원칙 쩨다카』, 한국경제신문사, 2018.

리사 손, 『메타인지 학습법』, 21세기북스, 2019.

린다 그래튼, 『일의 미래』, 생각연구소, 2012.

모기 겐이치로, 『좋은 질문이 좋은 인생을 만든다』, 샘터, 2017.

매리언 울프, 『책 읽는 뇌』, 살림출판사, 2009.

박광희, 『영어 낭송 훈련』, 사람in, 2013 .

박광희, 심재원, 『영어 낭독 훈련에 답이 있다』, 사람in, 2009.

박미영, 『유대인의 자녀교육 38』, 국민출판, 2011.

박종신, 『메타인지와 예수님의 하브루타』, 성경암송학교, 2018.

박종신, 『하브루타』, 성경암송학교, 2017.

박철범, 『하루 공부법』, 다산에듀, 2015.

사이토 다카시, 『공신 엄마들의 3가지 말 습관』, 로그인, 2017.

서상민 외, 『공부 기술 완시스』, 한국학습코칭센터, 2014.

센딜 멀레이너선, 『결핍의 경제학』, 알에이치코리아, 2014.

심규승 외, 『공부법을 부탁해』, 행복한미래, 2016.

심정섭, 『질문이 있는 식탁 유대인 교육의 비밀』, 예담, 2016.

쑤린, 『유대인의 생각 공부』, 마일스톤, 2019.

엄기호, 『공부 공부』, 따비, 2017.

엘리 홀저 외, 『하브루타란 무엇인가』, D6 Korea, 2018.

유심덕, 『하브루타 창의력 수업』, 리스컴, 2018.

이규민 외, 『혼자하는 공부가 통한다』, 웅진윙스, 2011.

이대희, 『유대인의 파르데스 공부법』, 빅북, 2019.

이동영, 『문장의 위로』, BOOKK, 2017.

이사우라 쇼이치, 『꿈이 이루어지는 시간 30일』, 위즈덤, 2009.

이성일, 『애들아, 하브루타로 수업하자!』, 맘에드림, 2017.

이성일, 『하브루타로 교과수업을 디자인하다』, 맘에드림, 2018.

이케가야 유지, 『뇌과학자 아빠의 두뇌 발달 육아법』, 스몰빅에듀, 2018.

이학승, 박경란, 『유대인의 진짜 공부법 워크북』, 형설 Life, 2016.

이혜정, 『대한민국의 시험』, 다산, 2017.

이혜정, 『서울대에서는 누가 A+를 받는가』, 다산에듀, 2014.

장준환, 『하루 5분, 뇌과학 공부법』, 슬로우미디어, 2019.

전성수, 『복수당하는 부모들』, 베다니출판사, 2011.

전성수, 『최고의 공부법』, 경향BP, 2014.

정민, 『고전 독서법』, 보림, 2017.

정현모, 『유태인의 공부』, 새앙뿔, 2011.

조벽, 『명강의 노하우 & 노와이』, 해냄, 2010.

조승연, 『공부 기술』, 더난출판사, 2009.

켄 베인, 『미국 최고의 교수들은 어떻게 가르치는가』, 뜨인돌, 2005.

켄 베인, 『최고의 공부』, 와이즈베리, 2013.

키영어학습방법연구소, 『초등 영어 말하기, 낭독이 말하기다』, 키출판사, 2017.

테시마 유로, 『유대인 최강 두뇌 활용법』, 나래북, 2013.

헨리 뢰디거 외, 『어떻게 공부할 것인가』, 와이즈베리, 2014.

홍경수, 『여섯 살, 소리 내어 읽어라』, 21세기북스, 2008.

황경숙 외, 『질문과 이야기가 있는 행복한 교실』, 매일경제신문사, 2016.

황농문, 『몰입』, 알에이치코리아, 2007.

힐 마골린, 『공부하는 유대인』, 일상과 이상, 2013.

EBS, 『기억력의 비밀』, 북폴리오, 2011.

EBS, 『최고의 교수』, 예담, 2008.

EBS, 『학교란 무엇인가』, 중앙북스, 2011.

참고 방송

EBS 「공부의 왕도」, 2009.

EBS 「기억력의 비밀」, 2009.

EBS 교육대기획 「다시, 학교」 3부 '시험을 시험하다', 2020.

EBS 교육대기획 「다시, 학교」 5부 '창의성의 발견', 2020.

EBS 교육대기획 「학교란 무엇인가」 8부 '상위 0.1%의 비밀', 2010.

EBS 다큐프라임 「당신의 과학」, 2008.

EBS 다큐프라임 「왜 우리는 대학에 가는가」 5부 '말문을 터라', 2014.

EBS 다큐프라임 「한국인과 영어」 4부 '언어의 벽을 넘어라', 2015.

EBS 「부모」, 2014.

EBS 「지식채널 e」 '위대한 질문', 2018.

JTBC 「SKY 캐슬」, 2019.

KBS 「공부하는 인간」, 2013.

KBS 「대학, 교양에 길을 묻다」, 2016.

KBS 「시사기획 창」 '전교 1등은 알고 있는 공부에 대한 공부', 2014.

KBS 「우리 아이 뇌를 깨우는 101가지 비밀」, 2011.

KBS 「인간탐구 3부작」 '기억', 2011.

MBC 「우리 아이 뇌를 깨우는 101가지 비밀」, 2011.

SBS 「함께 읽는 독서의 맛」, 2013.

tvN 「어쩌다 어른」 '김경일 편', 2018.

tvN 「질문으로 자라는 아이」, 2020.

참고 신문

경향신문, 「우등생과 열등생의 차이 메타인지에 있대요」, 2012. 2. 27.

내일신문, 「우리동네 공신을 찾아서」, 2011. 5. 10.

뉴스위크 한국판, 「공부 잘하려면 책을 소리 내어 읽어라」, 2017. 12. 25.

문화일보, 「'더반의 여신' 나승연 "영어 비결 뭐냐고요?"」, 2011. 7. 11.

연합뉴스, 「'도전정신─소통·협력' 5년 새 바뀐 대기업 인재 조건」, 2018. 8. 27.

조선일보, 「대학까지 이어지는 엄마주도 학습」, 2016. 3. 21.

조선일보, 「유대인이 과학서 우수한 이유는 DNA 아닌 밥상머리 대화 때문」, 2013. 6. 28.

중앙일보, 「'혼자'말고 '함께'하는 공부로 문제 해결력 쑥쑥」, 2017. 12. 11.

프레시안, 『사피엔스』 저자 「학교 교육 80~90%, 쓸모없다」, 2016. 4. 26.